グループ・
キャリア・カウンセリング

編著 | 渡部昌平

著 | 高橋　浩・新目真紀・三好　真・松尾智晶

効果的なキャリア教育・キャリア研修に向けて

金子書房

はじめに

　キャリア・カウンセリングの実践をグループで行っている方は，学校教育機関，企業，就職支援機関，どこを取っても多いと思います。一方でグループ・カウンセリングを学術的・理論的に学ばれている方は，特にキャリア分野ではとても少ない。キャリア・コンサルタントの養成においても，「グループで学ぶ」ことはあっても「グループを学ぶ」ことは少ないように思います。

　グループ・キャリア・カウンセリングには，１対１のキャリア・カウンセリングとは異なる特徴があります。特に大きいのが他のメンバーからの影響です。人はつい「自分のいつもの思考／行動パターン」を当たり前に取りがちで，それをカウンセラーに指摘されてもなかなか改善しないものですが，グループの他のメンバーの思考／行動パターンを見たり聞いたりすることで「自分のいつもの思考／行動パターンが，他の人にとっては当たり前ではない」「他の選択肢もある」ことに気づきやすくなります。「自分のいつもの思考／行動パターン」で問題解決ができない時，人はその問題を前に立ち止まってしまいがちですが，他のメンバーと話すことによって「新たな問題解決の方法」（＝今までと異なる思考／行動パターン）に気づきやすくなり，思考／行動の変容が促進されます。メンバーをロールモデルとすることで，１対１のカウンセリングでは気づきにくい「新たな問題解決の方法」に気づきやすいのです。福島・土田・森・松本・鈴木（2007）や水野（2017），渡部（2018）でもグループのメリットが述べられていますが，本邦ではこうした紹介（研究）が少ないのが現状です。

　グループ・キャリア・カウンセリングのメリットは，他にもあります。他のメンバーも悩んでいたり問題を抱えたりしていることを聞いて，「自分だけが悩んでいる訳じゃないんだ」という安心が得られる場合もあります。そうすると自分が抱えている悩みや問題を，多少なりとも客観視できるようになります。また，自分の意見と異なる他のメンバーの意見を，聞き始めるようになり，新たな選択肢を前向きに考え始めるようになります。

　カウンセラー対クライエントにせよ，教員対児童・生徒・学生にせよ，上司対部下にせよ，クライエントから見るとそこにはどうしても上下関係のような

圧力を感じることが少なくありません。そこでは「反論してはいけない」「意見を言ってはいけない」という圧力として感じるクライエントもいるでしょうし，その圧力を感じて逆に反発してくるクライエントもいるかもしれません。グループの良さは，グループメンバー間では上下関係が基本的にないことから，そうした圧力や反発が生じにくいことです（グループアプローチの各種の利点については，第2章ほか各章でもう少し詳しく見ていきたいと思います）。

　一方で，グループにすれば全てがうまく行くかといえば，もちろんそんなことはありません。グループ内に上下関係があったり，しゃべりにくい雰囲気があったりすれば，会話の内容にも量にも影響が及び，問題解決あるいは未来に向けた自由な語りが生じません。その結果，新たな「気づき」が生じにくくなり，むしろ1対1のキャリア・カウンセリングのほうが効果的ということにもなりかねません。

　ですからグループ・キャリア・カウンセリングでは，カウンセラー（あるいはファシリテーター）の一定の管理・統制が重要になってきます。そのグループは何を目的とするものなのか，そのためにどんなルールを守るべきなのか，守られない場合は誰がどう管理するのか，成果についていつどうやって確認するのか，これらをカウンセラー（ファシリテーター）とグループメンバーとで共有して活動していく必要があるのです。

　我々は多くのことを実体験から学びますが，他のメンバーからの発言などから間接的に体験することもできます。すなわち体験が少ない若者も，他のメンバーと語り合うことで間接体験を増やすことができます。グループ・カウンセリングは，特に実体験が少なく自信がない若者にとって効果的・効率的な技法だと考えています。もちろん実体験が多い中高齢者だとしても，他のメンバーとの比較から自分の思考／行動パターンの偏りに気づきやすい，「気づきの多い」技法でもあります。上下関係ではなく，対等な関係の「他者」がいるからこそ，あるいは同種の問題をもつ者同士だからこそ，気づけることも多いのです。だからこそ上下関係や建前的・形式的な関係に陥らない，自由に語ることが保障されている，真の交流ができる場づくりが重要になってくるのです。

　グループ・カウンセリングは医療機関や福祉機関だけでなく，学校教育機関や企業等の中でも「使える技法」だと考えています。ただし「使える技法」と

するには，実施する側に一定の技術やコツが必要です。実践を通じた「慣れ」
も重要になってきます。

　本書が皆さまの日々のグループ実践の学術的・理論的背景形成の参考になる
ことを祈念しております。

2018年2月
秋田県立大学
渡部昌平

【引用・参考文献】

福島脩美・土田恭史・森美保子・松本千恵・鈴木明美（2007）．カウンセリング研修
　　プログラムにおける個別方式，集団方式，および想定書簡の効果　目白大学心
　　理学研究，*3*，63-75.

水野修次郎（2017）．グループワークの導入　産業カウンセリング，No356.

渡部昌平（2018）．リフレクティング・プロセスを用いたキャリア教育／キャリア・
　　カウンセリングの可能性の検討　秋田県立大学総合科学教育研究センター彙報
　　18，41-43.

目　　次

はじめに　　*i*

第1章　グループ・キャリア・カウンセリングの概要

1．はじめに……………………………………………………2

2．グループ・キャリア・カウンセリングとは……………3

(1) キャリア・ガイダンスの要素・3

(2) カウンセリングの要素・5

(3) グループワークの要素・7

(4) グループ・キャリア・カウンセリングとは　　9

3．グループワークにおけるグループ・キャリア・カウンセリングの位置づけ………………………………… 11

(1) グループ・サイコセラピーとの違い・11

(2) 各種グループワーク・13

4．グループ・キャリア・カウンセリングの効果 …… 16

(1) グループワークの効果・16

(2) グループ・キャリア・カウンセリングの効果（先行研究より）・16

(3) 効果のまとめ・22

5．グループワークに必要なコンピテンシーと評価…… 23

(1) 必要なコンピテンシー・23

(2) グループ・カウンセリングの評価項目・26

6．まとめ
──グループ・キャリア・カウンセリングの実践に向けて　28

(1) 実践に向けて押さえるべきポイント・28

(2) 5つの神話と誤解・29

(3) 神話と誤解を払拭するには・30

(4) システム論的なグループワークの推奨・31

第2章　精神療法や臨床心理学からの示唆

1．はじめに：効果的なグループをつくる……………… 38
- (1) 安心して話せる場所をつくる・38
- (2) グループの効果・39
- (3) グループ発達のモデル・41
- (4) グループ体験の促進方法の例・44

2．問題志向ではなく解決志向で進める／短期解決を目指す 45
- (1) 解決志向グループワークからの示唆・45
- (2) 解決志向グループワークの原則・46
- (3) グループ支援に向けたエクササイズ・47

3．実践の前に──グループ実践の方向性 ………………… 49
- (1) 目標を確認する・49
- (2) 守られた非日常であるグループ活動を，「外」「日常」とつなぐ・49
- (3) 必要に応じて介入する・50
- (4) 目標達成度を確認する，終結する・51

4．実践──語り合う，フォローする ………………………… 51
- (1) Ａ大学での実践・51
- (2) Ａ大学実践における介入・53
- (3) Ａ大学実践の効果・課題・54
- (4) キャリア研修での実践・55
- (5) キャリア研修での効果・課題・57
- (6) 間接体験の可能性・効果・58

5．まとめ……………………………………………………… 58
- (1) グループ活動のススメ・58
- (2) グループ活動の注意点・59
- (3) 介入の注意点・60
- (4) 終結時・終結後の注意点・60

第3章 グループ・キャリア・カウンセリングスキルとは

はじめに……………………………………………………… 63

 (1) キャリアコンサルタントを取り巻く環境・63

 (2) 新しい時代に必要となるキャリアコンサルティングスキル・65

1. キャリア支援で用いられるグループアプローチとは 67

 (1) グループ・キャリア・カウンセリングとは・67

 (2) グループ・キャリア・カウンセリングの意義・68

2. グループ・キャリア・カウンセリングスキルとは… 72

 (1) 年代別のアプローチ・72

 (2) 実施方法（内容志向―経験志向）・74

 (3) 実施方法（講義型 VS ファシリテーション型（受容型））・76

3. 組織内でのグループ・キャリア・カウンセリングの実施方法 ……………………………………………… 78

4. グループ・キャリア・カウンセリング事例………… 81

 (1) カルビー（株）ダイバーシティ推進の事例（新谷英子氏の実践）・84

 (2) 村尾光英氏による実践報告・87

5. まとめ…………………………………………………… 94

第4章　米国でのキャリア意思決定グループについて

1．はじめに……………………………………………………… 99

2．概要……………………………………………………………… 100

  (1)　グループの背景と対象者・100

  (2)　グループの設定・101

  (3)　ファシリテーター・102

  (4)　コ・ファシリテーションの問題点・103

  (5)　グループの内外での協働・104

  (6)　グループ終了後のプロセス・105

  (7)　グループ開始前の計画する時間・105

  (8)　スーパービジョン・106

3．グループで用いられる理論 ……………………………… 107

4．コンテント VS プロセス
（体験的学習／アクティブ・ラーニング）…………… 109

5．グループ・アクティビティ・コンテンツ…………… 110

  (1)　円滑にグループワークをするために・111

  (2)　選択肢の学び・114

  (3)　実現性を鑑みたアクティビティ・123

  (4)　短・中・長期的キャリア設計・125

  (5)　実践―経験を通しての振り返り・127

6．日本と米国のグループワーク比較…………………… 131

7．終わりに……………………………………………………… 133

vii

第5章 グループ・キャリア・カウンセリング体験の授業実践事例

1. はじめに……………………………………………………… 135
2. グループ・キャリア・カウンセリング体験ツール
   「金の糸」の開発 ……………………………………………… 136
3. 「金の糸」を活用したグループ・キャリア・
   カウンセリングの授業実践…………………………………… 141
4. 考察・対面式のキャリア・カウンセリングとグループ・
   キャリア・カウンセリングの違い
   ──授業実践において，ファシリテータが与える影響 …… 149
5. まとめ
   ──グループ・キャリア・カウンセリングの授業実践に係る課題 152

おわりに ………………………………………………………… 159

索引 ……………………………………………………………… 161

グループ・キャリア・カウンセリング

効果的なキャリア教育・キャリア研修に向けて

第1章

グループ・キャリア・カウンセリング
の概要

高橋　浩

1．はじめに

　筆者は26歳から5年間，人間性回復運動に端を発するグループワークを経験してきた。当初は参加者として，後半はスタッフおよびグループワークのリーダーとして関わった。その中で，過去の呪縛から解放され肯定的で行動的な自分へと成長できたことを今も覚えている。中でも，自他の発達・成長の過程を目の当たりにした経験によって，クライエントの内的プロセスを感じ取るスキルを知識ではなく感覚として習得できたことは大きかった。その後，カウンセリング心理学等を学習していくにつれ，当時のグループワークには実に多くのグループ・ダイナミクスや心理療法の要素が盛り込まれていたことを知り，自分が何を体験してきたのかに気づくことができた。

　さて，グループ・キャリア・カウンセリングとは，文字通りグループを対象にしたキャリア・カウンセリングを行うグループワークといえるのだが，現在ではキャリア教育やキャリア開発研修という名のもとに多くのグループワークが実施されている。ただ，そのメリットを引き出すためには，グループワークの十分な体験と訓練を受ける必要がある。残念ながら，キャリア支援においてその体験と訓練の機会は少なく，適切なグループワークがあまり普及していないのが実情である。

第1章　グループ・キャリア・カウンセリングの概要

そこで，本章ではまず，グループ・キャリア・カウンセリングとは何であるかをあらためて定義し，種々のグループワークにおける位置づけを明確にした後，期待される効果と必要とされるコンピテンシーを示し，最後に実践に向けたメッセージを示すことにする。

2．グループ・キャリア・カウンセリングとは

「グループ・キャリア・カウンセリング」と題する書籍は非常に少ない。インターネット上で書籍を検索してヒットしたのは Pyle & Hayden（2015）の『Group Career Counseling: Practices and Principles 2nd Ed.』くらいである。グループ・キャリア・カウンセリングは本邦ではまだ一般的な用語ではないのだが，これに相当するグループワークは，すでに「キャリア開発研修」や「就職セミナー」などの名称で頻繁に行われているのではないだろうか。

「グループ・キャリア・カウンセリング」という用語には，3つの要素が含まれている。すなわち，キャリア・ガイダンスの要素，カウンセリングの要素，グループワークの要素である。各要素には，その発展の歴史とその特徴が備わっており，これらが交差した部分にグループ・キャリア・カウンセリングが位置づけられているといえる。したがって，グループ・キャリア・カウンセリングを理解し定義づけるためには，これらの要素を明確にし，相互の相違点と共通点を理解しておく必要がある。本節では，これらの要素を明らかにして筆者なりのグループ・キャリア・カウンセリングの定義を示したい。

(1) キャリア・ガイダンスの要素

キャリア・ガイダンスは，個人のみならずグループに対しても実施されている。それゆえ，キャリア・ガイダンスとグループ・キャリア・カウンセリングとの境界は曖昧である。そこで，カウンセリングとの比較を通して，キャリア・ガイダンスの本質に触れていきたい。まず，比較的新しいキャリア・ガイダンスの定義を以下に示す。

3

キャリア・ガイダンスは「個々人のキャリア発達とキャリアマネージメントにとって重要な知識やスキルを明らかにし，かつ個々人がそれらを獲得するのを促進するように計画された，方法と体験を統合する体系的なプログラムである」(Herr & Crammer, 1992)。

　キャリア・ガイダンスは「個人が職業やキャリアを選び，準備し，就職し，その中で効果的に機能するよう援助するプロセスであり，それは個人の発達に応じて生涯を通じて繰り返され，継続される」(木村, 2016)

　これらの定義をみると，キャリア・ガイダンスは個人の生涯のキャリア発達を支援するものであり，そのために必要な知識の習得と体験を促すべきことが述べられている。しかし，この定義ではキャリア・カウンセリングとの識別は困難である。上村（2006）は，ガイダンスとカウンセリングの関係に明確な区別はなく，現在では以下の3つの考え方が主流であるとしている。

①ガイダンス・カウンセリングという統合した考え方
②ガイダンスの具体的な方法の1つとしてカウンセリングがあるという考え方
③ガイダンスとカウンセリングは別個のものという考え方

このような違いは，両者を捉える視点の違いから生じるものである。まず，①と②は米国におけるキャリア・ガイダンスの歴史からすると理解できる。米国においては，キャリア・ガイダンスとキャリア・カウンセリングがほぼ同時に出現し，両者が相互に影響をしながら発展をしてきたからである。米国における「組織的な職業ガイダンス（vocational guidance）」（後のキャリア・ガイダンス）の起源は，1908年1月にPersonsを局長とするボストン職業局の開設にあるとされている。この時のボストン職業局の相談員は「職業カウンセラー（vocational counselor）」と呼ばれた。その後，Proctor, Benefield, & Wrenn（1931）の『Workbook in Vocations』という書籍によってカウンセリングの概念化が進められ，「カウンセリング」という用語が米国内で一般的になっていった。つまり，1930年代までは，職業ガイダンスの文脈の中でカウンセリングという言葉が用いられた。また，1930年代の米国では，世界恐慌の影

響を受けて増加した青年失業者への対策としてガイダンス政策が打ち出され，学校教育におけるガイダンス運動に職業ガイダンスが融合されることになった（吉田，2006）。このような歴史を踏まえると，①の「ガイダンス・カウンセリングという統合したもの」とされるのは当然のことである。

　一方，キャリア・ガイダンスで行われる方法に着目してみる。Gazda（1969）は，グループ・ガイダンスとグループ・カウンセリングとの違いについて次の3点を述べている。1つ目は，グループ・ガイダンスが定期的にスケジュールされ全生徒を対象とするのに対して，グループ・カウンセリングは継続的・致命的な問題が発生している人を対象にすること。2つ目は，グループ・ガイダンスが正確な情報や，認知機能・知的機能を媒介した態度や行動の変容を間接的に試みるのに対して，グループ・カウンセリングは，感情的関与を強調して，態度や行動の変容を直接的に試みること。3つ目は，グループ・ガイダンスが教室規模のグループに適用されるのに対して，グループ・カウンセリングはより少数の親密なグループに適しており，強いグループの凝集性と個人的問題の共有に立脚していることである。このように，グループ・カウンセリングは対象者や介入方法，実施形態がキャリア・ガイダンスの方法と異なるものである。この視点からすると，②の「ガイダンスの具体的な方法の1つとしてカウンセリングがある」という見解も成立する。このように，ガイダンスとカウンセリングの関係性の違いは，視点の違いでしかない。

　キャリア・ガイダンスの定義に立ち返ると，支援の方法を限定しているようには読み取れない。したがって，キャリア・ガイダンスの重要な要素とはその方法ではなく，「生涯における個人のキャリアの発達が効果的に機能するように必要な種々の支援を行う」という目的とその達成であると考えられる。

(2)　カウンセリングの要素

　では，カウンセリングの視点からキャリア・ガイダンスはどのように見えるだろうか。これについても，少し歴史を振り返ってみたい。

　1930年代の職業カウンセリングは，Persons がいう自己理解と仕事理解からの推論の支援であったり，当時の精神測定運動で行われた各種検査の実施であ

ったりと，個人と職業のマッチングを重視するものであった。そこに，人格心理学や発達心理学的な視座はまだみられなかった。

　一方，カウンセリング心理学の起源は，1940年代に人間行動の理解のため精神分析学的な理論や概念が用いられたこととされている（中西，2001）。Rogers（1942）は『カウンセリングとサイコセラピー（Counseling and psychotherapy）』を著し，それまでの特性因子的カウンセリングや精神分析を批判して，非指示的カウンセリングを提唱し，有名な「人格変容の必要にして十分な条件」（Rogers, 1957）を発表した。また，Bordin（1955）は，精神分析的な立場から『心理学的カウンセリング（Psychological Counseling）』を著した。このようなカウンセリング心理学の萌芽と呼応するように，職業カウンセリングも発展していく。Super（1953）は，職業カウンセラーが何ら職業選択の理論をもたないままカウンセリングを行っているという批判に応えるべく，職業発達の10の命題を発表した。これにより，職業カウンセリングの中に自己概念や人格発達や発達段階といった心理学的視座が導入されることになった。さらにSuper（1957）は，Rogersの非指示的カウンセリングを受けて，非指示的と指示的な面談を繰り返す「循環的方法」を職業カウンセリングに適用することを提唱した（中西，2001）。この後も，職業カウンセリングは，カウンセリング心理学の様々な理論を取り込みながら発展していくことになる。

　そして，現在の米国では，キャリア・カウンセラーに限らずカウンセラーになるためにはカウンセリングおよび関連する教育プログラム認定評議会の認定大学院（The Council for the Accreditation of Counseling and Related Education Program: CACREP）の修士課程でカウンセリングを学び，全米認定カウンセラー委員会（National Board for Certified Counselor: NBCC）が主催する全米カウンセラー試験（National Counselor Examination: NCE）を受け認定カウンセラー（National Certified Counselor: NCC）の資格を得ることが必要になっている（緒方，2005）。今や，カウンセリングは高度な専門職であるといえる。このような1940年代以降のカウンセリングの立場からみるならば，キャリア・カウンセリングは，キャリア支援領域で行われるカウンセリングに過ぎず，③の「ガイダンスとカウンセリングは別個のもの」という見解が成立する。

だとすると，カウンセリングの中核となる要素とは何であろうか。Ohlsen（1970）は，個人カウンセリングであろうとグループ・カウンセリングであろうと共通して，カウンセラーが以下の感情体験をすることであるとしている。

①**共感（Empathy）**：カウンセラーはクライエントが伝えてくる感情や体験よりも，もっと深い水準に対して心を動かすこと。

②**尊重（Respect）**：Rogers の無条件の肯定的配慮と同様。まず，カウンセラーが自分自身の感情や体験を尊重することによって，他者の感情や体験についても尊重すること。

③**純粋性（Genuineness）**：カウンセラーが自分自身の本当の感情を表明することができる度合いのこと（ただし，クライエントの福祉に反しない範囲で）。

④**具体性（Concreteness）**：特定の具体的な感情や体験に，正確に完全に反応すること。

これを読んで，Rogers の「人格変容の必要にして十分な条件」と重複する点が多いと気づいた読者も多いであろう。上記は，Carkhuff & Berenson（1967）が自他の研究から導出した「最良の結果を生み出しているカウンセラーの特質」である。したがって，カウンセリングの要素とは，「対象が個人かグループかによらず，共感・尊重・純粋性・具体性の条件を満たすようなカウンセラーの態度」であると考えられる。反対に，この4条件を満たさないキャリアに関する相談は，キャリア・カウンセリングとは呼べないといえる。なお，この4条件は非常に重要であり，後述するリーダーの評価項目にも反映されている。

(3) グループワークの要素

グループワークは，全米グループワーク学会（Association for Specialists in Group Work: ASGW）の『プロフェッショナル・トレーニング標準』（ASGW, 2000）の中で，以下のように定義されている。

グループワークとは，相互依存的な集団が共有する目標（個人内のもの，

あるいは対人関係，仕事関連）の達成に対して，その支援をするためのグループ・ファシリテーションの知識と技術の応用を含む広範囲の専門的な実践活動である。グループの目標としては，仕事，教育，人格の発達，個人および対人の問題解決，さらには精神障害や情緒障害の治療に関する課題達成が挙げられる。

　グループワークの支援領域は広範囲であり，仕事やキャリア支援も含まれるため，グループ・キャリア・カウンセリングもグループワークに含まれる。グループワークは，参加したメンバーの共有する目標の達成に向けて支援するものであり，そのためにはグループのプロセスを促進するグループ・ファシリテーション知識と技能の必要性が定義に示されている。

　そもそもグループワークは，1905年に Pratt がボストンのマサチューセッツ総合病院において結核患者を対象にした治療的なグループ体験を実施したことが起源とされている。以来，グループワークは，ガイダンスやカウンセリング心理学とともに発展し，個人カウンセリングと同等以上の効果があるとされている。グループワークが用いられる理由は，「人は，グループを通じて創造的かつ生産的な方法で他者とつながり相互作用するのを助ける」と考えられるからである（McClure, 1990）。Gladding（1994）は，グループワークの利点について次の6つを挙げている。

①**グループは人々が生活の中で重要な対人関係の作り方を習得するための場や方法を提供する**：グループは人々が安全な環境で重要な新しいスキルや行動を学び実践するのを助けてくれる。

②**グループは結束力とチームを促進する**：組織化されたグループは，その性質上，より統一的な変化と成長，およびより受容的な決定を促進する。

③**グループは治療の設定においても有効に利用できる**：グループ内の仲間の力は，個人が解決すべき問題に集中できるようにする。

④**グループが社会的つながりを促進する**：グループは，逆境の中で生き残り，適応する方法を提供する。

⑤**グループは家族内の問題状況を表現することを受け入れてくれる**：家族との経験を再現することによって，人は意識と無意識の両方のレベルで自由

に生活し，将来を計画することができる。

⑥**グループは利他主義の感覚を育む**：利他主義は，他人に無私で援助を提供する。援助を必要とする自分自身への気づきがその人を援助者へと変化させる。

また，Ohlsen（1970）は，グループ・カウンセリングに参加したクライエントは，①個人カウンセリングよりもグループ・カウンセリングの方がより難しい話題を話しやすく，また最も心をかき乱す話題ほど有益であること，②他のメンバーが自身の問題を開示したのを観察したり，あるいはその問題についての話し合いを援助したりと，他者の問題に受容・共感したクライエントほど自身の問題を開示できること，③このような相互の自己開示と受容・共感によって問題が処理されたクライエントはグループ・カウンセリングへの抵抗が弱められ，治療的な行動が促進されることを挙げている。

このように，グループワークの利点には，個人カウンセリングでは実現し得ないものまで含まれており，グループで行うことの重要性が窺える。上記の利点は，主にグループ・ダイナミクスによるところが大きい。グループ・ダイナミクスとは，「集団の基本的な性質，集団と個人，集団と集団，さらにはもっと大きな組織と集団との関係についての法則を実証的な方法によって明らかにしようとする社会科学の一分野」（松原，1999）である。したがって，グループワークの重要な要素とは，「カウンセラー（一般的にはリーダー）が，グループ・ダイナミクスの知見を用いて，メンバー間の健全な相互作用を最大限に引き出すためのグループ・ファシリテーションである」といえる。

なお，グループ・ダイナミクスという言葉が集団活動の改善技法のように用いられる場合が散見されるが，これは誤りである。

(4) グループ・キャリア・カウンセリングとは

ここまで，キャリア・ガイダンスとカウンセリングとグループワークの要素について述べてきた。要点をまとめると，キャリア・ガイダンスの要素とは，「生涯における個人のキャリアの発達が効果的に機能するように必要な種々の支援を行う」ことが考えられた。これは支援方法によらず支援の目的が重要

であった．次に，カウンセリングの要素とは，「対象が個人かグループかによらず，共感・尊重・純粋性・具体性の条件を満たすようなカウンセラーの態度である」ことが考えられた．最後に，グループワークの要素とは，「カウンセラー（リーダー）が，グループ・ダイナミクスの知見を用いて，メンバー間の健全な相互作用を最大限に引き出すためのグループ・ファシリテーションである」と考えられた（図1-1）．

これら3つの要素を用いて，試みに筆者が考えるグループ・キャリア・カウンセリングの定義を示す．

> グループ・キャリア・カウンセリングとは，グループが共有するキャリア発達上の目標や課題の達成に向けて，カウンセラー（リーダー）が，共感・尊重・純粋性・具体性を意識した態度で，グループ・ダイナミクスの知見を用いてメンバー間の健全な相互作用を促進するグループ・ファシリテーションを行うことにより，個人の生涯におけるキャリア発達が効果的に機能するように支援することである．

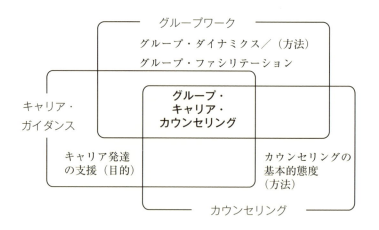

図1-1　グループ・キャリア・カウンセリングの要素

第1章　グループ・キャリア・カウンセリングの概要

　ところで，グループ・カウンセリングとグループ・キャリア・カウンセリングはどのような相違があるだろうか。Pyle & Hayden（2015）は，グループ・カウンセリングが「個人内の情報」のみを明確化しながら「不安の低減，自信の向上，行動の改善」を目指すのに対して，グループ・キャリア・カウンセリングは個人内だけでなく，「個人外の情報」，すなわち，これまでの進路選択・職業選択の事実や適性検査などの結果などをも取り入れながら，自身のキャリアについての気づきと適応を高めていくものとしている（詳細は第3章の表3-1を参照）。グループ・カウンセリングが特定の感情や行動の改善であるのに対して，グループ・キャリア・カウンセリングはキャリア発達におけるより現実的な成果を目指している点が異なる。この点は，キャリア・ガイダンスの要素の現れであろう。

　また，両者の共通点としては，情報源として「個人内」を用いていることと，感情や行動の改善の向上を目指している点は，前述のカウンセリングの要素と関連していることが窺える。

　さらに，Pyle & Hayden（2015）は，グループ・プロセスの目的の共通点として，メンバーの信頼構築や考えの活性化，内部情報の明確化，意思決定スキルの満足度向上を挙げており，これらは，グループワークの要素に該当していることが窺える。

3．グループワークにおけるグループ・キャリア・カウンセリングの位置づけ

　グループ・キャリア・カウンセリングはグループワークの要素をもっている。しかし，グループワークには，当然ながら，グループ・キャリア・カウンセリング以外のものもある。ここでは，その他のグループワークのうち代表的なものをいくつか紹介したい。

(1)　グループ・サイコセラピーとの違い

　1930年代の欧米において，グループ・ガイダンスとグループ・カウンセリ

ング,グループ・サイコセラピー(集団心理療法)は互換性のある用語として扱われてきた(Berg, Landreth, & Fall, 2018)。つまり,当時はあまり三者が識別されていなかった。その後,これらの定義づけが試みられた。Gazda (1969) は,グループ・ガイダンスはより適切な人生計画の決定に役立つ正確な情報を学生に提供する予防指向,グループ・サイコセラピーは集団で人々を治療する治療志向,そして,グループ・カウンセリングは予防と治療の2つの志向をもつとした(図1-2)。

また,Brammer & Shostrom (1960) は,カウンセリングとサイコセラピーの違いを,一連の形容する語句の対によって特徴づけている(表1-1)。サイコセラピーは精神分析理論の特徴が色濃いが,両者の最も分かりやすい違いは,対象者が健常者であるかどうかということである。

したがって,グループ・キャリア・カウンセリングは,グループ・セラピーと比べより健常な人を対象とし,より予防的な援助活動であるといえる。

図1-2 3つのグループワークの違い(Gazda, 1969 より筆者作成)

表1-1 カウンセリングとサイコセラピーの違い(Brammer & Shorstrom, 1960 より筆者作成)

カウンセリング	サイコセラピー
教育的	支援的(より特定の)
支持的	再構成的
状況的	深い分析
問題解決的	分析的
意識的な気づき	無意識への焦点
正常(normal)の強調	神経症や精神障害の強調
短期的	長期的

第1章 グループ・キャリア・カウンセリングの概要

(2) 各種グループワーク

ここで紹介するグループワークは，サイコセラピーの各理論に基づいたグループワークと，特定の目的を意図したグループワークに分けられる。理論に基づいたグループワークとして「精神分析的集団精神療法」，「パーソンセンタード」，「ゲシュタルト心理学」，「アドラー心理学」，「論理情動行動療法 (Rational Emotive Behavior Therapy: REBT)」などがある。特定の目的を意図したグループワークには，「サイコドラマ」，「Tグループ」，「ベーシック・エンカウンター・グループ」，「構成的エンカウンター・グループ」，「セルフ・ヘルプ・グループ」などがある。本章ではその一部を紹介し，それらの位置づけを明確にしたい。なお，グループワークの種類によって，ワークの進行役の名称は，カウンセラーやファシリテータ，トレーナー，世話役などと異なっている。

①**精神分析的集団精神療法**：自由連想，無意識，転移，抵抗，解釈，中立性といった精神分析の理論と技法に依拠したグループ・サイコセラピーで，自他の精神力動的理解を相互に協力して深めることによって，目標である特定の行動変容やパーソナリティの再構成と成長を目指すものである（井上，1999）。

②**サイコドラマ（心理劇）**：1930年代初頭に Moreno によって開発された。サイコドラマは，グループ・サイコセラピーの1つの技法であり，即興劇という非言語のアクションを媒介にして自己理解や自己洞察をもたらす心理療法である（高良，1999）。

③**Tグループ**：トレーニング・グループ（Training Group）の略称。10名前後のメンバーが車座になり90分ほど自由に話し合う中で「今ここ」で生じているプロセスに気づき，自他の言動や心理や生き方，グループの状況を深く吟味し，それらの気づきをより適切な行動へと活用するもの（山口，1999）。

④**ベーシック・エンカウンター・グループ**：1940年代後半に Rogers らによって開発された。人間の心理的成長と対人関係におけるコミュニケーションの改善を狙いとしている。1〜2名のファシリテータと10〜15名ほど

13

のメンバーで，泊りがけで行われる。何をするかを決めるところからグループ体験が始まり，グループ内での当惑や否定的感情の表明などを通して相互信頼や親密感，深い相互関係と自己直面に至ることが成功とされている（安部, 1999）。

⑤ **構成的グループ・エンカウンター**：予防的・開発的カウンセリングのグループワークの1つ。あらかじめ用意されたエクササイズ（＝構成的）を体験しながら，親密な関係づくりと自己の盲点に気づくことが目的である。（片野, 1999）

⑥ **セルフヘルプ・グループ**：同じ悩みや問題を抱えた人々が集まり，相互に援助し合うことを通じて自己の回復を図る治療グループ。グループには治療者や指導者をおかず，自助を原則とする（山登，1999）。

Gladding（1988）は，グループワークの主導者が「メンバー中心」か「リー

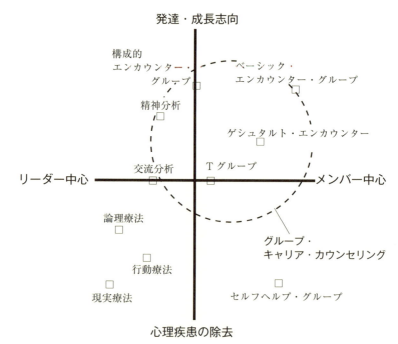

図1-3　各種グループワークの位置づけ（Gladding, 1988を基に筆者作成）

第1章　グループ・キャリア・カウンセリングの概要

表1-2　グループワークの分類とグループ・キャリア・カウンセリング（ASGW，2000 を基に筆者作成）

タイプ	ゴール	リーダーの役割	人数	例
タスクグループ	特定の測定可能なゴール 確立されたプロセスの効率改善	アジェンダと目標の設定を容易にする グループを設定した目標の達成に導く グループの集中力を維持させる 組織の診断や評価を提供できる	12〜15名	任意の委員会 ほとんどのミーティング（職員会議など）
心理教育グループ	特定のスキル不足の是正	能力不足を特定し，不足に対処するカリキュラムを設定する 新しい情報を伝え，新しいスキルを習得できるようにする	12〜18名 ※これ以上だと実施が困難	子育てグループ 生活スキルグループ DV予防グループ
カウンセリング・グループ	予防，個人的成長，対人関係と自己の気づき	対人関係と自己のパターンを照らすための今ここでの相互作用を促す	8〜12名	任意のプロセスや自己成長グループ（ただし，スキル不足に焦点を当てない）
精神治療グループ	深い心理的な問題や障害の治療	問題あるパーソナリティのパターンを探索し再構築する	8〜10名	精神科や外来診療機関に属しているほとんどのグループ

（左側に縦書きで「グループ・キャリア・カウンセリング」）

ダー中心」か，その目的が「発達・成長志向」か「心理疾患の除去」かの2つを軸として，様々なグループワークをマッピングして分類を行った（図1-3）。この図ではグループ・キャリア・カウンセリングは右上の象限に位置づけられる。しかし，その範囲を超えて円で広く位置付けたのは，Gazda（1969）が示したように，グループ・カウンセリングが予防から治療までの広がりをもつためと，昨今の個人の価値観の多様化に伴う問題の複雑化に対応するためである。目的に応じて柔軟にグループ・キャリア・カウンセリングを実施することが求められる。なお，グループ・キャリア・ガイダンスは左上の象限，グループ・サイコセラピーは左下の象限となる。

　ASGW（2000）は，グループのゴール，特徴，リーダーの役割に基づいて，グループワークをタスクグループ，心理教育グループ，カウンセリング・グループ，精神治療グループの4タイプに分類している（表1-2）。グループ・キャリア・カウンセリングは，カウンセリング・グループに相当することになるが，前述の通りカバーすべき範囲に幅があるため，実際にはタスクグループの一部から精神治療グループの一部までその範囲が及ぶだろう。

15

４．グループ・キャリア・カウンセリングの効果

(1) グループワークの効果

　グループワークによる効果とは，そのグループが設定した目標・目的を多くのメンバーが達成できるということに他ならない。Erford（2017）は，経験的・事例的なグループワークについて調査した結果，多くの定量的および定性的な研究論文がその有効性を示していることを明らかにしている（例：Carrera et al., 2016; Compare & Tasca, 2016; Burlingame, Fuhriman, & Mosier, 2003; Montreuil et al., 2016; Steen, 2011）。グループワークに効果があることは確からしい。では，どのような効果が期待できるのであろうか。概要としては，すでに第２節で示した利点が挙げられる。また，Berg et al.（2018）は，グループ・カウンセリングの効果を「私（I）」，「あなた（You）」，「私たち（Us）」という３つの視点で示しており，具体的には，

　①自己探索と自己を再定義する機会（「私」）であり，

　②他者について知る機会（「あなた」）であり，そしてこれらを通じて，

　③対人関係の気づきを促して現実検討をする機会（「私たち」）である

としている。

(2) グループ・キャリア・カウンセリングの効果（先行研究より）

　本章ではさらに具体的な効果として，実際のグループ・キャリア・カウンセリングにおいて効果が確認された先行研究を取り上げて，実施したセッションの概要とその効果を紹介する。また，その研究の課題についても検討したい。

　①多田の自己発見セミナーと自己態度・対人態度の向上

　これはキャリア支援ではないが，グループ・カウンセリングにとって重要な示唆が得られるので紹介したい。

第1章　グループ・キャリア・カウンセリングの概要

多田（1974）は，「自己発見セミナー」と題するグループ・カウンセリングを大学生に実施し，その前後における「自己態度」，「対人態度」の変化を測定した。対象者は，大学生8名（男性5名，女性3名）であり，特に心理的な問題を抱えていない大学生であった。リーダーは2名で，クライエント中心療法的な手法を基盤にしてメンバーの主導性を尊重した。セッションは全9セッション（各セッションは1時間半～4時間）で，3泊4日で実施された。

その結果，実施前後で自己態度（現実の自己と理想の自己）と対人態度（明るい／暗い，楽観的／悲観的など）において積極的・肯定的な変化が確認された。ただし，変化量には個人差があり，参加者全員が一様に変化したとはいえなかった。また，個人ごとにみると，向上した項目もあれば下降した項目も見られた。

長期的に考えると，グループ・カウンセリング直後は成果に感動していたメンバーが，長期的には成果に否定的な見解をもったり，反対に，終了直後は成果に否定的であったメンバーが数ヶ月後にその意味の重大さに気づいたりしたという例があることから1年後の追跡調査が課題とされた。

この研究の成果は，グループ・カウンセリングによってメンバー全体として自己態度・対人態度に向上が認められたことである。

一方，課題は個々のメンバーの変化が多様であり，これは，とりもなおさずメンバー一人ひとりに対する対応を変えていく必要性を意味する。また，どの時点でグループ・カウンセリングを終結させるかによっても，その成果が肯定的になったり否定的になったりする可能性も示された。例えば，個人によっては，グループ・カウンセリングによって自己の問題点を発見することがあるが，これを悲観的に捉えるか，それとも成長の好機と捉えるかによって成果が違ってくるであろう。したがって，グループ・カウンセリング後の一定期間後に，新たな問題について話し合い，これを起点に更なる発達・成長を促すフォローアップの必要性がある。

17

②Healy の Super理論を基盤としたグループ・キャリア・カウンセリング
とキャリア成熟

Healy（1973, 1974）は，Super の理論を基盤とした汎用性の高いグルー
プ・キャリア・カウンセリングの手順を開発し，その効果測定としてキャ
リア・プランの確実性とキャリア成熟の変化を調査した。対象者は，大学
１年生の35人（６グループ）であった。セッションは全５セッションで，
その概要は，キャリアの可能性の探求とキャリア・プランの立案，仕事の
特徴の特定とこれに関連する職業の調査と評価，自分とグループとの差異
から自分らしい行動計画の策定，計画実行時の努力と困難克服の対策検討
であった。
　その結果，実施前後でキャリア・プランの確実性とキャリア成熟度が有
意に向上したことが認められた。

キャリア成熟とは，Super の職業発達を拡大した概念で，自己とキャリアや
生き方との関連性の発達を表す概念である（武衛, 1999）。Super の理論に従っ
た手続きが，対象者のキャリア・プランの確実性を高め，計画に取り組む意欲
を向上させたといえる。この研究成果は，グループ・キャリア・カウンセリン
グの基本的な効果を示したものといえる。
③McAuliffe & Fredrickson のグループ・キャリア・カウンセリングの期
間による効果の差

McAuliffe & Fredrickson（1990）は，大学の職業決定コースにおける
短期グループと長期グループについてキャリア・プランの確実性とそれへ
の満足度，適切性，情報検索行動を比較した。対象者は，大学生（人数は
不明）で，短期グループと長期グループ，そして対照群が設定された。短
期グループは全10セッション（１セッションは90分）で，長期グループ
は全20セッション（１セッションは90分）で実施された。セッションの
概要は，７ステップの意思決定モデル（①意思決定へのコミットメント，
②自己評価の完了，③選択肢の作成，④情報探索，⑤職業選択，⑥計画立

案，⑦実行）が用いられ，短期グループでは始めの４ステップが，長期グループでは全てのステップおよびモデリングといった行動カウンセリングやセルフ行動マネジメントが行われた。

　その結果，両グループとも対照群と比較してキャリア・プランの確実性と満足度，適切性，情報検索行動の頻度のすべてが高かった。特に長期グループは，計画の満足度が短期グループおよび対照群よりも有意に高い値であった。なお，セッションの前後における情報探索の職業数は，短期グループが有意に増加したのに対して長期グループは有意な増加は認められなかった。短期グループは職業の選択肢が拡大したのに対して長期グループは絞り込まれたと考えられた。

　一般的に長期の方が短期よりも効果が大きいと考えられがちである。この研究の成果は，短期であっても全く支援のない対照群よりも効果が得られることがわかったことである。確かに長期の方が効果は大きかったが，同時にカウンセラーと対象者の負担も大きく，むしろ短期の方が効率的かもしれない。ただし，短期の場合，職業の選択肢が絞り込まれていないというデメリットはある。一般的に，職業選択は，自己理解・仕事理解が進むと，選択肢は一旦拡大するが，その後，それらが精査され選択肢は絞り込まれることになる。このようなプロセスと効率性を考慮すると，短期のセッションとフォローアップ面談を併用することが有効と考えられる。なお，この研究の課題は，その後の就職活動の成果については明らかにされていない点である。

④安住のキャリア・グループ・プログラムと進路選択に対する自己効力

　安住（2003, 2004）および安住・足立（2004）は，キャリア・グループ・プログラムを大学生に実施し，「進路選択に対する自己効力感」の向上を調査した。就職活動を控えた大学３年生を対象としたプログラムで，自己分析や適性を知るためのものである。対象者は，大学３年生54名（うちアンケート回答者は25名）であった。セッションは全１セッション（４時間）を実施。セッションの概要は，VPI職業興味検査の実施と解説，１分間自己紹介（自己理解の促進），付与されたテーマについてグループ

で取り組む課題解決ワーク，前年度参加した4年生との質疑，1分間自己紹介（2回目），まとめ，グループ解散後必要に応じて実施するフォローアップ面談であった。

　その結果，セッション前後に進路選択に対する自己効力感の有意な向上が確認された。特に，自身の能力・興味の評価，適性判断，進学の判断，今後の計画立案，就職活動での対処・対応において向上がみられた。すなわち，就職活動のレディネスを高める役割を果たしていた。さらに，その1年後の追跡調査では，その効力が高まることが報告された。

　この研究の成果は，グループ・キャリア・カウンセリングによって進路に対する自己効力感が向上したことと，それが，終了後1年後においても効果が維持されていたことである。自己理解と職業理解，就職活動経験のある先輩との対話によって不安が除去され自信がついたものと考えられる。また，1年後の効果の維持については，フォローアップ体制と頼れる先輩との関係維持，受講者自身の就職活動の開始が寄与している可能性がある。いずれにせよ，グループ・カウンセリングによる発達・成長が定着するまで，継続的なメンテナンスの必要があることがわかる。

　このような自己効力感の向上を示す研究は他にもあり，Giallombardo（2005）は自己効力感の向上と同時にキャリア不安の低減にも繋がったことを示している。これらの研究結果から，グループ・キャリア・カウンセリングはキャリアに対する自己効力感を増加させキャリアへの不安を低減させると考えらえる。さらに，Peng（2015）がグループ・キャリア・カウンセリングにポジティブ心理学の精神性（スピリチュアリティ）やStrength-Baseを取り入れた結果，一般的な不安が低下したことを確認している。

　⑤Aghaei, Jalali, & Nazari の Krumboltz の学習モデルを基盤にしたグループ・キャリア・カウンセリングと達成動機・将来への不安

　Aghaei, Jalali, & Nazari（2012）は，Krumboltz の学習モデルを使ったグループ・キャリア・カウンセリングを高校生に実施し，その前後における達成動機・学業への動機・将来への不安の変化について調査した。

Krumboltz の学習モデルが，学生の関心，ニーズ，価値観，能力についての有益な情報を提供し，達成動機と成果の向上につながると考えられたからである。対象者は，高校1年生60名（男性30名，女性30名）でこれが実験群と対照群にランダムに振り分けられた。実験群に対して全9セッション（各セッション90分）が実施された。セッションの概要は，Krumboltzの学習モデルに基づいたもので，学業への態度，学業への関心，誘導付きイメージ，意思決定スキル，合理／不合理のビリーフ，思考と感情の関係（ABC理論）の訓練，3ヶ月後のフォローアップが含まれた。

その結果，学業優秀者においては，達成動機，学業への動機，将来への不安に有意な向上（改善）が認められた。また，3ヶ月後のフォローアップでは，達成動機と将来への不安において有効性が維持されていたが，学業への動機は維持されていなかった。Krumboltzの学習モデルを用いたグループ・キャリア・カウンセリングは，学業優秀者において，達成動機と将来への不安に対する長期的な有効性と，学業への動機に対する短期的な有効性が示された。

この研究の成果は，Krumboltz の学習理論（意思決定スキル）と論理療法の手法を用いることによって，達成動機と将来への不安が向上（改善）したことである。ただし，これは学業優秀者においての成果であり，知的なワークが得意なことが前提条件であると考えられる。必然的に課題としては，学業成績が優秀でない学生に対する効果的な実施が挙げられる。学業成績が比較的低い学生は，知的なワークへの苦手意識やこれまでの経験からくるワークに対する諦め意識があると推察される。したがって，より感情や欲求に焦点を当てたモチベーションを喚起するワークや身体を動かす体験的なワークを多用して，興味をもって臨める工夫が必要と考えられる。

⑥Nabhani, Shafiabady, & Soodani の Super の理論に基づくグループ・キャリア・カウンセリングと職務満足

Nabhani, Shafiabady, & Soodani（2016）は，Super の理論に基づいたグループ・キャリア・カウンセリングの前後比較から職務満足に関する調

査を行った。対象者は，女性の看護師80名のうち最も職務満足度の低かった40名（実験群：20名，対照群：20名）であった。実験群に対して全10セッション（各セッションは90分で週1回実施）が実施され，終了1ヶ月後にフォローアップを実施した。セッションの概要は，仕事上の問題の列挙，職業選択や職業の継続／成功の要因の検討，職業的自己概念の影響要因の検討，職務満足と仕事の強化要因，職業選択における自己概念の役割，キャリア・レインボー，価値観・能力・興味と環境条件について議論，職務満足を高めるためのアイディアの検討，1ヶ月後のフォローアップとセッションの有効性・長期的な活用の検討であった。

その結果，実験群の看護師は対照群と比較して有意に職務満足度が向上したことが認められた。また，1ヶ月後においても満足度が維持されていることが確認された。つまり，スーパーの自己概念を中心としたグループ・キャリア・カウンセリングは，自己概念と職業との適合性を上げる課題を発見させ，その達成に取り組むことによって職務満足度を向上・維持させる効果があることが示された。

これまで列挙した研究者のフィールドの多くが学校であるために，グループ・キャリア・カウンセリングの効果対象は学生であることが多い。その中で，この研究は職業人を対象にしている点で貴重である。この研究の成果は，職務満足度が低い人を向上させることができたという開発的効果である。自己概念を把握した上で職務満足度を上げるアイディア出しをしたことが功を奏したと思われる。一方，課題は，本セッションが2ヶ月半の長期にわたって行われている点であり，それなりのコストがかかったと思われる。また，働く側だけでなく，これをマネジメントする上司側も支援的にかかわるようなワークを行うことで，両者が相互に満足度を高め合える可能性も考えられる。

(3) 効果のまとめ

以上から，グループ・キャリア・カウンセリングの効果とその実施方法について整理したい。まず，効果として，自己理解と対人関係の態度の向上，進路

やキャリアに対する自己効力感の向上，達成動機や職務満足の向上が確認された。同時に，キャリアや将来に対する不安も低減することが確認された。これらはもちろん，メンバーのキャリア発達上の問題や課題に沿って，それに適したプログラムが用意されていることが大前提であることはいうまでもない。適切な方法と手続きを踏むことによって，確実にメンバー全体に効果を生むことができることをこれらの論文によって理解できる。プログラムの工夫次第では，ここで確認された以外の対象者（ミドル・シニア層，復職者など）への効果や上記以外の効果を期待することができる。

　次に，実施方法については，フォローアップが効果を維持するために不可欠であり，少なくとも1年間は効果が維持されることが示された。ただし，どのようなフォローアップをどのくらいの頻度で行うかについては，今後も研究と経験を積んでいく必要があるだろう。さらに，短期プログラムか長期プログラムかについてはそれぞれメリットとデメリットがあることも示された。短期プログラムは，カウンセラーとメンバーの双方にとって負担が少なく実施しやすいというメリットがあるが，十分な発達・成長が期待できるかどうか不安が残る。一方，長期プログラムは，カウンセラーとメンバーの双方に負担が大きいものの，長期でなければ得られないグループの発達や相互依存的な関係構築が得られ，深い気づきと学びが得られる可能性が高い。総合的に判断するならば，短期プログラムとその後の継続的なフォローアップが効率的である。この点については，実施する際に，対象者，環境，リーダーの技量などを踏まえて，現場ごとに検討し判断してもらいたい。

5．グループワークに必要なコンピテンシーと評価

⑴　必要なコンピテンシー

　グループ・カウンセリングを効果的に実行するためには，個人カウンセリングに求められるものよりもかなり広範囲な知識，能力・スキルが求められる。Ohlsen（1970）は，グループ・カウンセリングにおけるカウンセラーの役割として，①相互に治療的影響力を及ぼし合う見込みのあるクライエント（メン

バー）を選択する，②彼らの「変化したい」という欲求の有無を見極め，彼らがどんな行動を示せば援助的な動きになるのかということを説明してそれを強化する，③クライエント相互の様々なやり取りに注目して，それに反応しながら注意の焦点を話し手に向けていく，④言語的な相互作用ばかりでなく非言語的な相互作用にも心を配り，それを治療的に活用するとともに，クライエントたちにもそうすることができるように教える，ということを示している。さらに Ohlsen（1970）は，人によって洞察は必ずしも必要ではなく，問題の原因を理解しなくても行動を改善することはできる，とも指摘している。つまり，メンバー間の相互作用を把握し，グループ・ダイナミクスの知見を活用したグループ・ファシリテーション能力が求められる。

　Dameron & Engels（1990）は，グループ・カウンセラーとして必要なことを次のように述べている。

　　プロのカウンセラーは，優秀な支援者として必須となる人格特性や知識，技術を有しており，その資格に相応しく，倫理規定を遵守し，個人カウンセリングとグループ・カウンセリングのどちらが最も役立つかを見定めることができ，グループ・ダイナミクスの基本原理を理解し，主要なグループ理論やグループの発達段階，グループ・メンバーの役割，グループ・カウンセリングに関連する研究に精通している（Dameron & Engels, 1990）。

　さらに，Dameron & Engels（1990）は，グループ・カウンセラーの技量をアセスメントする項目として 10 のコンピテンシーを示している。これはグループ・カウンセリングを実施する際の要点としても活用できるので以下に示したい。

①**個人およびグループのカウンセリングにおいて，表出した問題やクライアントにとって最も有効な目的を認識できる**：個人およびグループのカウンセリングに適した問題を識別でき，グループに適した目的を設定でき，クライエントのグループへの参加順を調整でき，グループの力動がメンバーに対してどのように有効／無効であるかを説明できる。

②**クライアントの年齢に適した態度・行動への変容を促進するようにグルー**

第1章　グループ・キャリア・カウンセリングの概要

プ・ダイナミクスやグループの治療条件の原理を活用できる：グループ・ダイナミクスを使いこなす知識があり，様々な年齢層の発達課題やクライエントのレベルに応じた各種のグループ技法を使いこなす知識があり，グループの相互作用などの観察と記録ができる。なお，Yalom（1995）はサイコセラピーの視点から，グループにおける 11 の治療的因子を挙げているが，これは，第 2 章，第 3 章を参照してほしい。

③少なくとも 3 つ以上の主要なグループ理論とその発展に貢献した人物について精通している：アドラー心理学，行動主義グループ・カウンセリング，ゲシュタルトグループ・セラピー，グループ・サイコドラマ，人的資源開発トレーニング，パーソンセンタード・グループ・セラピー，論理情動療法，現実療法，交流分析，家族療法グループ，中毒・回復グループなどの中から，少なくとも 3 つに精通している。

④グループワークの歴史とその開発に貢献した主要な人物・組織について熟知している：Pratt（最初の GW），Adler（アドラー心理学に基づく GC），Moreno（サイコドラマ），Slavson（American Group Psychotherapy Association の創設），Rogers（グループ・エンカウンターの開発），全米教育訓練研究所（National Training Laboratory：NTL），人間性回復運動（Human Potential Movement），Perls（ゲシュタルト理論に基づく GW），Ohlsen（GC への貢献），Gazda（GW への貢献），Yalom（GW の治療因子）。[1]

⑤様々なグループ活動の用語を識別し説明することができる：オリエンテーション，方法論，手順，リーダーシップの能力，各種グループワークに参加するクライエントの違いについて適切に説明できる。また，グループ・ダイナミックス，T グループ，サイコドラマなどの用語と概念，グループへの適用方法について説明できる。

⑥多くのグループの成長と介入方略に精通し，適切なグループ活動のための助言ができる：各種のグループ体験の中でメンバーあるいはリーダーとして機能することができ，インストラクターやスーパーバイザー，同僚と連

1　GW はグループワーク，GC はグループ・カウンセリングの意

25

携して進行中のグループ・セッションを補助（co-lead）することができ，各種のグループ・カウンセリングにおける多様で専門的な技法について説明できる，あるいはこれらを体験する。

⑦グループの典型的な発達段階や適切な介入方略，リーダー行動に精通している：グループの編成と準備を行ってグループを開始し，グループの各発達段階と終結手順について説明できる。

⑧メンバーがよく取る促進的／阻害的な役割タイプに気づき，対応方略を示すことができる：グループに存在するメンバーのタイプ（話題の独占者，沈黙者，道化役，知性化する人，救助者，攻撃者，疎外される人，殻に引きこもる人，過度に依存する人，不適切な助言をする人）について説明でき，グループの中で彼らとともにワークができる。

⑨特に自分の専門領域に関連するグループ・カウンセリングの重要かつ最新の研究体系に精通している：スクール・カウンセリング，学生開発ワーク，コミュニティの力，メンタルヘルスの機関，特定の問題のグループ（うつ病，AIDS，摂食障害，薬物中毒，その他の嗜癖など）の領域の最新情報を押さえている。

⑩グループワークにおける倫理的行動とその意識の高さ：具体的には，新入メンバーへの情報提供とオリエンテーション，秘密の保持，不当な強制・圧力・脅迫・身体的脅威からメンバーを保護すること，カウンセラーの価値観を押し付けないこと，メンバーの公平・公正な扱い，未訓練のグループ技法の不使用など。

(2) グループ・カウンセリングの評価項目

　グループ・カウンセリングを評価することは，グループ・カウンセリングを適切に実施し改善していくために必要不可欠なことである。同時に，評価項目を事前に理解しておくことは，効果的なグループワークの留意点として活用することができる。個人カウンセリングではカウンセラーとクライエントの二者の視点によって評価されるのに対して，グループ・カウンセリングではより複雑なものとなる。Berg et al.（2018）および黒木（2001）の評価方法を参考に

第1章　グループ・キャリア・カウンセリングの概要

表1-3　グループ・カウンセリングの評価（Berg et al., 2018 と黒木，2001 を参考に筆者作成）

		評価者	
		リーダー	メンバー
評価対象	リーダー	リーダーによる自己評価	メンバーによるリーダーの評価
	グループ	リーダーによるグループの評価	メンバーによるグループの評価
	メンバー	—	メンバーによる自己評価
	プログラム	リーダーによるプログラムの評価	—

すると，4つの評価対象（リーダー，グループ，メンバー，プログラム）に対してリーダーとメンバーが評価する必要があり，その組み合わせは6つに分けられる（表1-3）。以下に各評価対象における評価項目を列挙するので，参考にしてもらいたい。

①**リーダーの評価**：Berg et al.（2018）は，リーダーを評価する8項目を挙げている。敬意（気配りや温かさ，関心をもってメンバーに敬意を示す），共感（メンバーの気持ちや経験を正確に理解していることを伝える），純粋性（リーダーがしていることに真実味があり見栄を張っていない），具体性（メンバーの感情や経験に合った反応をする），自己開示（リーダーのその場の個人的感情をグループに開示する），自然さ（硬直せず反応し言動が円滑である），柔軟性（落ち着いて様々な状況に対応する），自信（自分の能力を信じて率直に行動する）。これらができるほどリーダーは良いかかわり方をしていることになる。

②**グループの評価**：黒木（2001）は，次のようなグループの評価項目を挙げている。雰囲気（信頼感／不信感，受容的／審判的，支持的／非支持的，安心感／不安感，温かい雰囲気／冷たい雰囲気，友好的／挑戦的），参加度（出席率，積極性，自発性，落ち着きのない人，うちに閉じこもる人），凝集性（仲間意識，相互の支持，親密さ，助け合い意識，規範形成とその効果），相互作用（コミュニケーションの円滑さ，相互の受容度，友好的なサブグループの存在，役割分担，孤立メンバーの少なさ）。グループの評価結果は，肯定的な状態が望ましいが，否定的な場合は，それがどこから来るのかを見極めてグループにとって気づきや発達・成長のきっかけとすることが重要で

ある。

③**メンバーの評価**：Berg et al.（2018）は，32 の形容詞対を提示し，メンバーの傾向の現状と理想，あるいは事前と事後の差を評価することを推奨している。例を紹介すると，リーダー的／フォロワー的，だらしない／きちんとしている，攻撃的／平和的，だるい／イキイキ，独善／寛容，開放的／閉鎖的，積極的／受動的，敏感／鈍感，援助者／被援助者，柔軟／頑固，などである。これも，グループ評価と同様に否定的状況への対応が重要となる。

④**プログラムの評価**：黒木（2001）は，プログラム自体の評価の必要性を指摘している。プログラム活動（目標達成に適切な計画・内容か，生活・学業・職業との関連性が考慮された計画・内容か，時期・期間・時間・内容に無理がなく適切な計画か，リーダーの役割分担が適切か）。運営方法および援助方法（各セッションの目的や導入・実施が明確か，リーダー間でこれらの共通理解があったか，メンバーの関心・欲求・期待をリーダーが理解するために十分な時間を確保していたか，実施にあたり十分な安全性が検討され緊急対応ができる体制であったか）。事後のチェックに用いる場合は不備の事項を改善し，それを蓄積していくことによってリーダー間で徹底し完成度を高めていく。また，事前のチェックに用いる場合は，準備段階の不備を確認することができる。

6．まとめ──グループ・キャリア・カウンセリングの実践に向けて

(1) 実践に向けて押さえるべきポイント

本章では，グループ・キャリア・カウンセリングの概要をお伝えするために，ここまでグループ・キャリア・カウンセリングの定義とグループワークにおける位置づけ，期待される効果，必要とされるコンピテンシーを示してきた。しかし，実践に当たっては，必要なトレーニングを受ける必要がある。グループワークの歴史・各種理論，グループについての知識（グループのタイプやグループの発達），グループ・ダイナミクス（リーダーシップのスタイル，スキル，機能），グループの運営方法（リードの仕方，グループの強化，メンバーが取

る役割タイプと抵抗への対応，グループの準備とメンテナンスと終結，リーダーとグループの評価），グループワークの倫理など，これらを学習し，体験し，実践できることがリーダーに求められる。

本邦においては，これらすべてについて体系的に学習できる機関は，これを執筆している時点では見当たらないようであるが，特定のグループワーク（例えば，Tグループや構成的グループ・エンカウンターなど）の体験やリーダー訓練は一部の大学研究者や民間団体において実施されている。今後，グループワークでリーダーをしたい方は，まずは，自分が興味をもてるグループワークをみつけて体験することが肝要であろう。体験を重ねることによって，自己の発達・成長を実感できると同時に，リーダーを担った際に感覚的にメンバーの態度やグループの雰囲気の変化に気づくことが可能になる。その上で，あるいはそれと並行して，関連図書にて知見を広げるのが良いと思う。

(2) 5つの神話と誤解

Gladding（1994）はグループワークに対する「神話と誤解」を挙げている。つまり，グループワークに対して抱かれやすい誤ったイメージのことである。今後，グループ・キャリア・カウンセリングやグループワークに触れようと思っている方にとって有益と思われるので紹介する。

神話1：グループの効果はリーダーシップによって左右される

確かにリーダーシップが及ぼすグループへの影響は大きいが，グループの効果の要因はそれだけではなく，多くの要因が関連している。「最も効果的なグループ・リーダーとは，メンバーがお互いのための主要な援助リソースとなるようにグループを発展させる人々を支援する人である」（Capuzzi & Gross, 1992）。

神話2：グループは，現在に焦点を当てたときのみ有効となる

グループの有効性とは，現在生じているメンバーの思考，行動，感情に注意するだけでなく，それまでの各自の教訓があってのものである。したがって，効果的なグループは，「今ここの経験」だけでなく「あの時あの場での経験」も扱うことによって，個人の過去から学んだ教訓と現在から集められた教訓に

ついてメンバー相互に教え合うようになる。

神話3：グループのメンバーはいつもオープンで正直でなければならない

これは，多くの人々がグループワークへの参加を拒否する際の主な理由である。一般的にオープンで正直であることは，グループ内の信頼を高めるために有効であるが，常に適切であるとはいえない。グループや当のメンバーにとって建設的で有益なものでなければならない。

神話4：グループによって自分のアイデンティティが失われる

この神話の背後にある考えは，グループが圧倒的であり，そのような状況の中で個性が失われてしまうというものである（Yalom, 1985）。参加者が攻撃や嘲笑，屈辱を受けるといったことは，あくまで不適切なグループやリーダーだった場合に限られるものであり，ほとんどの場合，より明確な個性やアイデンティティが育まれている。

神話5：グループは人工的なものである

これは，グループは人為的に作られた環境でしかなく，グループ環境で学んだことは人生に活用することができないという疑念である。しかし実際には，自分自身についてより多くのことを学ぶことができ，メンバー間の相互作用による経験は，持続的で現実的な影響力をもっている。

(3) 神話と誤解を払拭するには

読者のみなさん自身が上記のような神話や誤解をもっていなかっただろうか。初めてグループワークに参加する人ならなおさら誤解と不安を抱えていてもおかしくはない。Childers & Couch（1989）は，参加予定のメンバーに対して，上記の「神話と誤解」を解消し，克服する方法をいくつか示している。それは，次の通りである。

①事前のグループインタビューを利用して，グループに関連するあらゆる恐れを洗い出し，これに対処する。

②グループの効果の証拠（事実）について情報提供をする。

③グループワークの初期段階において，全員に対して現在の思考や感情について書き出すようなきっかけを与え，それをもとにメンバーの懸念に対処

第1章　グループ・キャリア・カウンセリングの概要

する。

　つまり，メンバーの抱える不安や懸念を明らかにする場面やきっかけを作り，そこで明らかになったものに対して，リーダーあるいはメンバー同士が受容・共感をして，安心材料を与えていくということになる。加えて，このグループワークに参加しようとしたきっかけや事情について確認し，グループワークへの期待，目指したい姿を明確にし，そこに向けてこのグループワークが有効であることを示して動機づけすることができるとなお良いであろう。

(4)　システム論的なグループワークの推奨

①個人の発達・成長だけでは解決しない問題

　ここまで紹介してきたグループワークは，基本的に，特定の問題や課題がある人々を対象にグループの力を活用しながら，個人の発達・成長を促し，個人が問題を解決したり課題を達成したりすることを期待しているといえる。ところが，個人が努力して発達・成長し問題への対応力を向上させても問題が解決しないことも多い。それは，本人以外の要因が問題に強く起因している場合である。例えば，公務員にこだわり何度も公務員試験にチャレンジし続ける若者がいて，実はその背景に親の強い期待を背負っているような場合である。これによって若者が本当の希望とは異なる道を選択させられているのだとしたら，試験に落ち続けてなかなかキャリアを形成できないという問題は若者だけに原因があるとはいい難い。もちろん，親の呪縛から精神的に自立できないという若者にも原因の一端はある。しかし，子どもに独善的な期待や価値観を押し付ける親側にも原因がある。これは，これまでの家族というシステムの中で無意識的に作り上げた関係性の歪（独善的な期待や価値観を押し付ける親と，不本意ながら引き受けてしまう子）であり，すなわち，「システムの問題」であるといえる。これは家族に限らず，職場や地域社会などあらゆる社会的集団においても同様にいえることである。このような考え方はシステム論と呼ばれる。私たちは，社会というシステムを構築して，相互作用をして生活している。システム論では，そこで生じる個人の問題は，決して問題を抱える本人のみに原因があるのではなく，システムに原因があると考える。したがって，問題を抱

31

えた個人のみをいくら支援しても，システムが修復されない限り問題は再発したり，あるいは別の形をした問題として発生したりする。

②システム論的なグループワーク

これまで，本邦のキャリア支援は，就職・転職などのキャリアの転機に対するものが多く，個人を支援することが主要なものであった。これに対し，厚生労働省は現在，企業内キャリアコンサルティングである「セルフ・キャリアドック」の普及を推進している。この中で扱われる従業員個人の問題は，職場や組織，あるいは家庭というシステムに原因があるかもしれない。この時，根本的な問題解決を目指すのであれば，共通の問題を抱える従業員（例えば子育て中の従業員など）に対してグループ・キャリア・カウンセリングを行うのと同時に，職場や家庭との関係性についても考慮し，上司や配偶者を集めたグループ・キャリア・カウンセリングを並行して，あるいは前後して実施する必要が出てくるだろう。

このようなシステム論を意識したグループワークとして，Schwartz

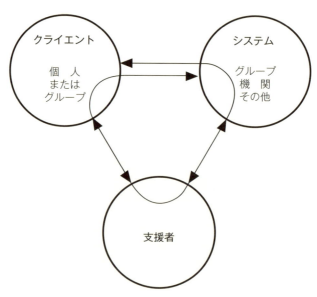

図1-4　相互作用モデル（Schwartz，1976に基づき筆者作成）

第1章　グループ・キャリア・カウンセリングの概要

（1976）の相互作用モデル（別名，媒介モデル）がある。これは，ソーシャルワークの分野で考案されたモデルではあるが，汎用的に用いることが可能である。相互作用モデルでは，クライエントとクライエントを取り巻くシステム，支援者の三者で構成される（図1-4）。問題の原因は，クライエント，システムおよびその相互作用のいずれか，あるいは複数箇所にあると考える。支援者は，クライエントをエンパワメントするようなグループワークを行うだけではなく，クライエントを取り巻くシステムに対してもクライエントやクライエントの抱える問題の理解，そして問題解決に向けた協力を促進するような介入を行う。そして，クライエントへの介入の結果，発達・成長を遂げたクライエントが自らシステムに影響を及ぼしてより良い環境が作られていく。同時にシステムへの介入結果は，例えば，職場のルールの見通しなどによって，システム自身の問題が是正されクライエントにとってよい影響を与えていく。結果として，全体がより良いシステムへと発展することになる。

　システム論で問題を捉えると，問題を捉える個人だけでなく，その周囲の人達を対象としたグループ・カウンセリングも必要となる。これは，一見手間が増えるように思えるが，抜本的な解決が図られるため，長期的には低コストですむことになる。クライエントの問題が長期化しているコミュニティにおいては，システム論に基づくアプローチを検討してよいだろう。

　以上，グループ・キャリア・カウンセリングに興味をもっている方に，なるべく基本的かつ重要な部分をお伝えしたつもりであるが，本章だけでは伝えきれない側面については以降の章に譲りたい。本章で，少しでもグループ・キャリア・カウンセリングの概要をつかんでいただければ幸いである。

【引用・参考文献】

安部恒久（1999）．ベーシック・エンカウンター・グループ　野島一彦（編）現代のエスプリNo.385——グループ・アプローチ——（pp.41-50）至文堂

Aghaei, A., Jalali, D., & Nazari, F. (2012). Effect of Group Career Counseling Based Krumboltz Learning Model on Achievement Motivation, Academical Motivation, Worry for Academical-occupational Futurity and Academical Achievement among First Year

33

High School Students. *Studies in Learnig and Instruction (Journal of Social Sciences and Humanities of Shiraz University)*, *3*(2), 3-6.

ASGW (2000). ASGW professional standards for the training of group workers. *The Journal for Specialists in Group Work*, *25*, 237-244.

安住伸子（2003）．キャリアグループ・プログラムが進路選択に関する自己効力感に及ぼした影響について　日本教育心理学会総会発表論文集, 45(0), 422.

安住伸子（2004）．キャリアグループ・プログラムが進路選択に関する自己効力感に及ぼした影響について (2) 日本教育心理学会総会発表論文集, 46(0), 320.

安住伸子・足立由美（2004）．女子大生の進路選択決定援助に関する研究――進路選択に対する自己効力尺度を用いて――　学生相談研究, *25*(1), 44-55.

Berg, R. B., Landreth, G. L., Fall, K. A. (2018). *Group Counseling: Concepts and Procedures* (2nd ed.). New York: Routledge.

Bordin, E. S. (1955). *Psychological counseling*. New York: Applenton-Century-Crofts.

Brammer, L. M., & Shostrom, E. L. (1960). *Therapeutic psychology*. Englewood Cliffs, New Jersey: Prentice Hall.

Burlingame, G. M., Fuhriman, A., & Mosier, J. (2003). The differential effectiveness of group psychotherapy: A meta-analytic perspective. *Group Dynamics: Theory, Research and Practice*, *7*, 3-12.

Capuzzi, D., & Gross, D. R. (1992). Group counseling: An introduction. In D. Capuzzi & D. R.Gross (Eds.), *Introduction to group counseling* (pp. 5-23). Denver, CO: Love Publishing.

Carkhuff, R. R., & Berenson, B. G. (1967). *Beyond counseling and Therapy.* New York: Holt, Rinehart and Winston, Inc.

Carrera, M., Cabrero, A., Gonzalez, S., Rodriguez, N., Garcia, C., Hernadez, L., & Manjon, J. (2016). Solution-focused group therapy for common mental health problems: Outcome assessment in routine clinical practice. *Psychology and Psychotherapy: Theory, Research and Practice*, *89*, 294-307.

Childers, J. H., & Couch, R. D. (1989). Myths about group counseling: Identifying and challenging misconceptions. *Journal for Specialists in Group Work*, *14*, 105-111.

Compare, A., & Tasca, G. A. (2016). The rate and shape of change in binge eating episodes and weight: An effectiveness trial of emotionally focused group therapy for binge-eating disorder. *Clinical Psychology & Psychotherapy*, *23*, 24-23.

Dameron, J. F., & Engels, D.W. (1990). *The professional counselor: Competence guidelines, and assessment* (2nd ed.). Alexandria, VA: American Counseling Association.

第1章　グループ・キャリア・カウンセリングの概要

Erford, B. T. (2017). Outcome research in group work. In B. T. Erford (Ed.), *Group work: Process and applications* (2nd ed., pp. 312-321). New York: Pearson.

Gazda, G. M. (1969). Group counseling: A Developmental Approach. *Canadian Counselor*, *3*(4), 5-25.

Giallombardo, L. (2005). *Using Group Counseling to Implement a Career Development Program with High School Students*. Counselor Education Master's Theses, State University of New York.

Gladding, S. T. (1988). *Counseling: A Comprehensive profession*. New Jersey: Pearson Education, Inc.

Gladding, S. T. (1994). *Effective Group Counseling*. North Carolina: ERIC Counseling & Psychological Services.

Healy, C. C. (1973). Toward a replicable method of group career counseling. *The Career Development Quarterly*, *21*(3), 214-221.

Healy, C. C. (1974). Evaluation of a replicable group career counseling procedure. *The Career Development Quarterly*, *23*(1), 34-40.

Herr, E. L., & Crammer, S. (1992). *Career Guidance and counseling through the life span; Systematic approach* (4th ed.). New York: Harper Collins.

井上直子 (1999). 精神分析的集団精神療法　野島一彦（編）現代のエスプリNo.385——グループ・アプローチ——（pp.14-22）至文堂

上村直樹 (2006). キャリア・カウンセリングとは　日本キャリア教育学会（編）キャリア・カウンセリングハンドブック——生涯にわたるキャリア発達支援——（pp.3-8）中部日本教育文化会

片野智治 (1999). 構成的グループ・エンカウンター　現代のエスプリNo.385——グループ・アプローチ——（pp.51-59）至文堂

木村周 (2016). キャリアコンサルティング理論と実際　4訂版　雇用問題研究会

黒木保博 (2001). グループワークの終結と評価　黒木保博・横山穣・水野良也・岩間伸之（編）グループワークの専門技術——対人援助のための77の方法——（pp.231-271）中央法規出版

松原敏浩 (1999). グループ・ダイナミックス　中島義明・安藤清志・子安増生・坂野雄二・繁桝算男・立花政夫・箱田裕司（編）心理学辞典（p.207）有斐閣

McAuliffe, G. J., & Fredrickson, R. (1990). The Effects of Program Length and Participant Characteristics on Group Career‐Counseling Outcomes. *Journal of Employment Counseling*, *27*(1), 19-22.

McClure, B. A. (1990). The group mind: Generative and regressive groups. *Journal for*

35

Specialists in Group Work, 15, 159-170.

Montreuil, T. C., Malla, A. K., Joober, R., Belanger, C., Myhr, G., & Lepage, M. (2016). Manualized group cognitive-behavioral therapy for social anxiety in at-risk mental state and first episode psychosis: A pilot study of feasibility and outcomes. *International Journal of Group psychotherapy, 66*, 225-245.

Nabhani, S., Shafiabady, A., & Soodani, M. (2016). Investigating the Effect of Group Career Counseling in Super Method on Enhancing the Job Satisfaction among the Female Nurses of Social Security Hospitals of Ahvaz City. *International Journal of Humanities and Cultural Studies* (IJHCS) ISSN 2356-5926, *1*(1), 1539-1547.

中西信夫 (2001). カウンセリングの歴史　日本進路指導学会（編）キャリア・カウンセリング——その基礎と技法，実際—— 第 2 版（pp.72-76）実務教育出版

緒方一子 (2005). キャリア・コンサルティングと個人情報保護法の活用と保護　日本労働研究雑誌, *543*, 43-55.

Ohlsen, M. M. (1970). *Group Counseling*. Holt, New York: Rinehart and Winston, Inc. （オールセン，M. 伊東博（訳）（1972）．グループ・カウンセリング　誠信書房）

Peng, H. (2015). Infusing Positive Psychology with Spirituality in a Strength-Based Group Career Counseling to Evaluate College Students' State Anxiety. *International Journal of Psychological Studies, 7*(1), 75-84.

Proctor, W. M., Benefield, G. R., & Wrenn, C. G. (1931). *Workbook in Vocations*. Boston: Houghton Mifflin.

Pyle, K. R., & Hayden, S. C. W. (2015). *Group career counseling: Practices and principles* (2nd ed.). Oklahoma: National Career Development Association.

Rogers, C. R. (1942). *Counseling and psychotherapy: Newer concepts in practice*. Boston: Houghton Mifflin Company.

Rogers, C. R. (1957). The Necessary and Sufficient Conditions of Therapeutic Personality Change. *Journal of Consulting Psychology, 21* (2) 95-103.

Schwartz, W. (1976). Between Client and System: The Mediating Function. In Robert W. Roberts and Helen Northern (Eds.), *Theories of Social Work with Groups*,(p.184). Columbia University Press.

Steen, S. (2011). Academic and personal development through group work: An exploratory study. *The Journal for Specialists in Group Work, 36*, 129-143.

Super, D. E. (1953). A theory of vocational development. *American psychologist, 8*(5), 185-190.

Super, D. E. (1957). *The psychology of careers*. Harper & Brothers.

（スーパー, D. E. 日本職業指導学会（訳）(1960). スーパー職業生活の心理学 誠信書房）

多田治夫 (1974). グループ・カウンセリングの効果に関する研究 金沢大学教養部論集 人文科学篇, *11*, 37-45.

高良聖 (1999). 心理劇 野島一彦（編）現代のエスプリNo.385──グループ・アプローチ──（pp.23-31）至文堂

武衛孝雄 (1999). キャリア成熟について 大手前女子大学論集, *33*, 115-123.

Yalom, I. D. (1985). *The Theory and Practice of Group Psychotherapy* (3rd ed.). New York: Basic.

Yalom, I.D. (1995). *The Theory and Practice of Group Psychotherapy* (4th ed.). Basic Books. （ヤーロム, I. D. 中久喜雅文・川室優（監訳）(2012).ヤーロム グループサイコセラピー──理論と実践── 西村書店）

山口真人 (1999). Tグループ 野島一彦（編）現代のエスプリNo.385──グループ・アプローチ──（pp.32-40）至文堂

山登敬之 (1999). セルフヘルプ・グループ 中島義明・安藤清志・子安増生・坂野雄二・繁桝算男・立花政夫・箱田裕司（編）心理学辞典 (p.514) 有斐閣

吉田辰雄 (2006). 生徒指導・進路指導の歴史と発展 吉田辰雄（編著）最新 生徒指導・進路指導論──ガイダンスとキャリア教育の理論と実践──（pp.9-36） 図書文化社

第2章

精神療法や臨床心理学からの示唆

渡部　昌平

1．はじめに：効果的なグループをつくる

(1) 安心して話せる場所をつくる

「集団精神療法の始まりというのは，ほとんどの場合，クライエントにとって大変な不安を引き起こす体験である」（American Group Psychotherapy Association（以下，AGPA），2007 日本集団精神療法学会監訳 2014）といわれている。これは精神療法に限らず，新たにグループを作る場合全てにいえる。このため「クライエントにとって，グループの構造と枠組みはきわめて明瞭にすべき事柄である」，「セラピストが自分の行動に関してそのような期待を持っているかを振り返っておくことも，クライエントのためになるだろう」（AGPA，2007 日本集団精神療法学会監訳 2014）となる。グループに向くクライエントを選抜する（グループに向かないクライエントはグループに入れない）という場合も出てくるだろう。

具体的には，グループの目標や目的を共有した上で，グループの中で

- メンバーの発言（人格）を否定しないことを徹底する
- 価値観や意見の違いを認める／メンバーの意見を共有する
- 沈黙することでなく，発言することを歓迎する

- ただし，しゃべりたくないことはしゃべらなくて良いことを伝える
- 共感したことはそう伝える，良いと思ったことはコンプリメントする
- 守秘義務を徹底する

等の注意喚起が必要になってくる。当然，カウンセラー（ファシリテーター）自身もこれらの注意を守る必要がある。グループの趣旨や目的を伝え，参加者の質問にはしっかりと答え，「話しやすい場作り」のコツを伝達し，参加者に「自己紹介」「話す練習」「聴く練習」の機会を提供していく必要がある。

なお，Sharry（2007 袴田・三田監訳 2009）では「グループワークが始まる前に行う緊張をほぐすためのゲームやロールプレイ，スキルのリハーサル，あるいはディスカッション課題のような定型化したエキササイズや活動は，一般的なグループワークの重要な特徴であり，それは，グループの結束を創り出し，迅速に，かつ，効果的に解決を構築することにメンバーを集中させるという目的を持つ短期グループワークには，特に有効な手段にはるはずである」とし，

- グループ・メンバー間のラポートを確立すること
- 目新しい体験を導入することで，衰え始めたグループ・プロセスを活性化すること
- プロブレム・トークを中断し，メンバーを解決に集中させ続けること
- 体験学習とスキルの実践ができること

というグループワークの長所を挙げ，その方法としてミラクル・クエスチョン，ブレイン・ストーミング，ロールプレイあるいはドラマ，ソリューションピクチャーとマインド・マッピング，ビデオを用いたセルフ・モデリングなどの技法を挙げている。もちろんこれ以外のグループワークでもアイスブレイクに活用可能なものはある。

(2)　グループの効果

AGPA（2007，日本集団精神療法学会監訳 2014）はグループの治療要因を表2-1 のようにまとめている（なお Yalom（1995 中久喜・川室監訳 2012）では，自己理解を除く11項目にまとめられている）。例えば「情報の伝達」とあ

るように，カウンセラー（ファシリテーター）やメンバーから提示される教示や助言で，あるメンバーは「救われる」場合もあるだろうし，傷つく場合もある。特に１対１のカウンセリングとの違いでみると，「グループに参加することでグループ特有の治療要因（例えば，代理学習，役割の柔軟性，普遍性，愛他主義，対人学習）を生み出すのである」「それによれば，個人療法のクライエントと対比したとき，グループの参加者はグループにおける変化の原因として，高度の関係性，風土，他者に焦点を当てたプロセスを挙げたのである」（AGPA，2007 日本集団精神療法学会監訳 2014）。同書や Yalom（1995，中久喜・川室監訳 2012）では凝集性を重視し，凝集性は「それ自体が治療要因なのだが，同時に他の治療要因を促進するものだからである」とする。また Yalom（1995，中久喜・川室監訳 2012）では「希望をもたらすこと」が治療要因の１番に配置され，「どのような精神療法であれ，患者に希望を与え，それを持続させることは極めて重要なことである」と重視されている。Yalom（1995，中久喜・川室監訳 2012）は，セラピーは希望と信頼を介して効果を得るとする。

またグループを進行させるに当たっては，AGPA（2007，日本集団精神療法学会監訳 2014）ではグループの３層構造（個人内，グループ内，対人関係）の観点から，①個人の所属感・受容・関与を高めるような焦点づけ，②グループの魅力や親和性を高めるような焦点づけ，③メンバー間に生じる肯定的で魅力的な行動の交換への焦点づけなどの介入の必要性を挙げる。

すなわち，カウンセラー（ファシリテーター）がグループを形成する際には，「良い関係性」「良い風土」「自己と合わせて他者に焦点を当てるという視点」の形成を支援し，凝集性のあるグループを育成することが重要となる。

なお Yalom（1995，中久喜・川室監訳 2012）では「患者とセラピスト間の，セラピーの見方に関する」不一致があることが指摘されており，「患者によるセラピストの関わり合いや共感についての評価の方が，セラピストによるそれよりも，はるかに治療的成功を予測する」とし，「患者に耳を傾けよ」と指摘する。

第２章　精神療法や臨床心理学からの示唆

表2-1　治療要因（AGPA，2007 日本集団精神療法学会監訳 2014 より）

治療要因	定義
普遍性	他のメンバーも自分と同様の感情，考え，問題を持っていると認識すること
愛他主義	他のメンバーを援助することを通じて自己概念を高めること
希望をもたらすこと	他のメンバーの成功によって，自身の改善を楽観視できると認識すること
情報の伝達	セラピストやメンバーによって提示される教示や助言
原家族経験のやり直し	危機的な家族力動を，グループメンバーとの間で再体験して修正することができる
ソーシャルスキルの発達	グループが，適応的で効果的なコミュニケーションを育む環境をメンバーに提供すること
模倣行動	他のメンバーの自己探求，ワーキングスルー（※），人格成長を観察することを通して，自身の知識や技能を伸ばすこと
凝集性	信頼感，所属感，一体感を体験すること
実存的要因	人生上の決断に対する責任を受け入れること
カタルシス	現在，過去の経験についての強い感情を開放すること
対人学習－インプット	他のメンバーからのフィードバックを通して，自分の対人的インパクトに関する個人的な洞察を得ること
対人学習－アウトプット	自分たちがより適応的な方法でやりとりできるような環境を，メンバー自身で作り出すこと
自己理解	自分の行動や情動的反応の奥にある心理的動機についての洞察を得ること

※未解決の心理的課題をやりきること，克服すること

(3)　グループ発達のモデル

　AGPA（2007，日本集団精神療法学会監訳 2014）は「グループ発達 5 段階モデルが適切との意見が強い」と指摘している（他に 4 段階説を採る書籍もある）。同書からリーダーの役割や推奨される介入等を（少し長くなるが）抜き出すと

①形成期／前親和期
　ここでは，メンバーが近しい関わり合いに対して接近－回避的行動をとる

41

特徴があり，親密性を特徴とするやりとりが見られることはまれである。メンバーはグループについての不安，アンビバレンス，不確かさを仄めかすだろう。リーダーへの依存は高く，それがグループ状況からの「回避」風土と交互に生じる。自己開示と治療目標の伝え合いが次第に起こるが，せいぜいためらいがちなものである。すなわち，グループの目的とセラピストの役割を明確にし，グループ作業とメンバー参加のための指針を提供しなければならない。扱い方としては，リーダーは対人距離の調整をする一方，信頼感をもたらし，メンバーが個人目標を見いだすのを助け，メンバー間の共通点を見いだすのがよい。それによって，グループの相互作用がより構造的で予想可能なものになっていくのである。

②動乱期／権力・統制期

　メンバーはここで，情動的に関わりはじめる。リーダーの権威と「コンテイナー」としてのグループの安全感が要求される。メンバーが上限関係を作ろうとするときに，サブグループが現れる。衝突と否定的な敵意感情の表現がよく見られる。リーダーの仕事は，グループが安全かつ成功裡にこの段階を乗り越え，よい作業同盟がメンバーの間に形成されるようにすることである。つまりグループの目的とメンバーの共通目標を再確認できるように動き，グラウンドルールと期待を強固なものにし，グループ凝集性とメンバー間の対人学習を促進しなければならない。扱い方としては，リーダーは否定的感情表現を引き出し，メンバーが衝突を発見して解決することを助け，発達途上にあるグループの潜在能力を明らかにするのが良い。グループの目的と一致しない行動は必要であれば直面化しなければならない。ただし，個人に特定役割のレッテルを貼ったり，サブグループを固定視したりすることは避けねばならない。

③活動期／親和期

　グループが前の段階の衝突をうまく乗り越えられたら，メンバーの信頼感，関与，協力への動機が増し，グループ行動の規範は確立されたものになっていよう。この構造とともに，グループはより自由なコミュニケーションとフィードバック，そしてさらなる凝集性と開放性によって特徴づけられる。リーダーシップ機能はメンバー間に分散する。つまり，リーダーはあまり重要

でなく，さほど活動的でなくともよくなるのである。扱い方としては，リーダーの介入は支持と直面化のバランスを維持することを目指すのがよい。リーダーの主な課題は，フィードバックについての作業過程や洞察を促進しつつ，現在展開しているやり方で問題解決を促進することである。この段階でメンバーがプロセスから脱線したように見えるときには，以前の発達的問題と再び向き合っているという可能性もあることに注意が必要である。

④遂行期／分化期

　グループは成熟に達し，相互援助のための創造的システムとして機能している。その一方でグループの強さと限界についてのメンバー間の認識が一層明確なものになる。その過程で相互依存と個人の差異についての率直な表現と受容が目立ってくる。グループにいられることや，グループ活動そのものが期限のあるものだということに触れたとき，そのアンビバレンスがワークスルーされれば生産的なものになるだろうが，回避されたりサブグループが再び作られたりするならば防衛的なものになるだろう。リーダーの関心は，グループが自分たちで運営していくことにある。介入レベルで言えば，リーダーはメンバー間の共感を促進し，メンバーが個人の違いを認め，それを展開していくことを助けるのが良い。また，メンバーレベルの問題とグループレベルの問題の両方に焦点を当てる介入を活用するのが良い。

⑤別離期／分離期

　終わりが見えてくると，グループは沸き上がる悲しみ，不安，怒りを経験する。グループが心理的支えの源になっていた場合にはとりわけ，治療の終わりを深い対象喪失として経験する。問題や症状が再発することもある。生産的な作業と否認や逃避のような防衛的な試みとが交互に起こる。加えて，将来の方向性や，治療過程を継続したり，得たことを維持したりするための計画を語ることもある。この段階では悲しみと感謝の両方の表現がよく見られる。リーダーの主な作業は，感情表現を助けるとともに未完の仕事に対して注意を向けることである。グループ経過の体系的な振り返りと評価を促し，グループが終わったあとの計画を立てるよう励まし，別れを告げる作業に関与するよう促さなければならない。後者の活動はきわめて重要な課題である。というのは，終結が適切に行われない限り，治療で得たものが消えてしまう

可能性があるからである。
となる。

　ただしこれは臨床上の話であり，教育機関や企業等のグループでは（特に年度当初でもない限り）前半2つの時期が明確に強く顕れることは多くないかもしれないと考えている。あるいはこれらアメリカでの知見は，高コンテクスト社会で具体的な言語化が苦手な日本人グループでは，同様には出てこないかもしれない。ただいずれにせよ，グループがこうした発達段階を経ていくことをカウンセラー（ファシリテーター）側がイメージしながらグループ形成を支援していくことが重要であると考えている。そこで起こった問題が発達過程の必然なのかイレギュラーで早期介入すべき事象なのか，しっかり判断できることが必要である。

(4)　グループ体験の促進方法の例

　安部（2010）はグループ体験を促進するためのファシリテーターの8原則として，
- ●全員に発言の機会を提供する
- ●軽い話題から入る
- ●不安と期待の両方を取りあげる
- ●プロセスをつくる
- ●つなぐことを試みる
- ●少数派に配慮する
- ●体験を共有する
- ●終わりは終わりとして終わる

ことを挙げている。第1項と同様になるが，カウンセラー（ファシリテーター）がその枠組みを作り，グループメンバーに実際にそのように行動してもらう必要がある。前述のグループの発達モデルも参考にしながら，グループ発達に必要なグループ管理・介入をしていく必要があるのである。

第2章　精神療法や臨床心理学からの示唆

2．問題志向ではなく解決志向で進める／短期解決を目指す

(1)　解決志向グループワークからの示唆

　Sharry（2007 袴田・三田監訳 2009）は解決志向グループワークについて，「治療的なグループは，グループの文化を作り出すことを目的としている。それは，ポジティブな影響力を持ったもので（中略）特に，解決志向グループワークは，相互に有益な目標を集団で確立することと，短期間にこれら目標に向かって現実的なステップが踏めるように，メンバー達に力を与えるグループの資源とストレングスを利用することを目的としている」として，資源とストレングスを探すことを強調している。そして「1980年代まで，治療的グループワークは，長期間かかり，内容は自由で，終わり方も自由，という構成で一般的には特徴づけられていた。並行して行われていた多くの調査研究は，長期間の治療が必要と計画されたものでさえ，治療は，期間を延長すると続かないことを見いだしていた。制限がなく，長期のグループに参加した患者の研究において，ストーンとルータン（Stone and Rutan, 1983）は，グループが概ね1年続くとグループへの参加率は8％しかないことを報告した（中略）このことは，日々の実践において，たとえ，どのような理論志向であろうとも，ほとんどの心理療法とカウンセリングは，短期間である，という仮に結論に我々を導くのである」（Sharry，2007 袴田・三田監訳 2009）と短期終結のグループワークの重要性を述べている（※ここでは多くは取り上げないが，同書では短期グル

表2-2　解決志向グループワークの原則（Sharry, 2007 袴田・三田監訳 2009 より筆者作成）

1	変化と可能性に焦点を合わせる
2	目標と望まれる未来を創り出す
3	ストレングスとスキルそして資源を構築する
4	「正しいもの」と「機能しているもの」を探す
5	敬意あふれる好奇心を持つ
6	協力と協働を創り出す
7	ユーモアと想像力を使う

45

ープワークの効果についても議論されているので，興味がある方はぜひ同書を
詳しくお読みいただきたい）。

(2) 解決志向グループワークの原則

Sharry（2007 袴田・三田監訳 2009）では解決志向グループワークの原則と
して以下の7つが挙げられている。

そして「問題志向のセラピストは，クライエントの生活の中で，特に，問題
の周辺に確立され，解決不可能と思われるパターンへの理解に興味を持つのに
対して，解決志向のセラピストは，クライエントの生活の中で，どのような変
化を起こすことができるかへの理解に興味を示す。解決志向のセラピストの役
割は，クライエントの生活で，すでに起きているポジティブな変化を見つけ出
し，そして，それを拡大することである。ポジティブな変化は，小さく，明ら
かに些細なものであっても，いったん，クライエントによって見つけ出され，
そして，自覚されると，「波紋効果」を起こして，クライエントの生活におけ
る他の領域に劇的な変化をもたらすことになるのである」としている。

例えば学校で荒れる生徒の「荒れる原因」ではなく「荒れていない時」に焦
点を当てたり，例えばきつい言葉使いで周囲と問題を起こす人の「きつい言
葉」それ自体や「きつい言葉を使う理由」ではなく，「きつい言葉を使わない
時」あるいは「人を褒めた時」に焦点を当てたり，問題ではなく「問題がない
時」に焦点を当てるという方法であったり，あるいは「問題を感じてグループ
への参加を決めた時」自体に焦点を当てるのである。焦点の当て方を少しずら
すだけで，すでに解決への道が近づくのである。

こうすることで問題や問題の原因に立ち止まって時間をかけることなく，解
決した未来について前向きに議論することに時間を費やすことができ，効率
的・効果的に解決しやすいのである。Lee, Sebold, & Uken（2003 玉真・住谷
訳 2012）はＤＶ加害者を「尊重する」「非難しない」「長所を伸ばす」ことで
「変化への責任を取らせる」解決志向グループ・セラピーの実践について述べ
ている。

第2章　精神療法や臨床心理学からの示唆

(3)　グループ支援に向けたエクササイズ

　したがってグループ内でも，「問題」そのものやその原因について語るというよりも，「正しいもの」「機能しているもの」（＝問題でないもの）に焦点を当てることで，効果的・効率的にグループが成立・終結するとされる。

　Sharry（2007 袴田・三田監訳 2009）では，カウンセリング・グループのためのエクササイズとして表2-3 のような形式を推奨している。こうしたエクササイズを通じて，悪いニュースや問題ではなく「正しいもの」「機能しているもの」（＝問題でないもの）に焦点を当てる練習をしていこうとしているのである。そして実際のグループの中では，「ゴールセッティング・クエスチョン」，「ミラクル・クエスチョン」，「エクセプチョン・クエスチョン[1]」，「コーピング・クエスチョン」，「スケーリング・クエスチョン」などの建設的な質問を使っていくことが説明されている。

　特に表2-2 に示される「7　ユーモアと創造力を使う」については，「問題は，「我々を深刻に！」させるものだ，という固定観念があると，深刻な問題として扱う以外に，手はなくなってしまう。また，重要な問題であればあるほど，評価や治療も深刻なものになる。しかし，このように，希望を失わせ，困惑させるほど，問題を深刻に受け止めていると，クライエントや家族は，身動きが取れなくなってしまうだけである。我々は，問題をそのように受け止めることに，どれだけの意味があるのか，疑問に思っている。ユーモアや冗談があれば，問題の存在自体も軽くなるのではないだろうか」（Sharry，2007 袴田・三田監訳 2009）というフリーマンらの言葉を引用している。深刻な問題は（当然であるが）深刻な問題として語られやすいゆえにクライエントにとってもメンバーにとってもカウンセラーにとっても気持ちが重く，語りたくなくなるネガティブな効果があり，それを防ぐためにもユーモアや想像力をもって取り組む必要があるのである。

　同書では他に「建設的なフィードバックを促進させる」などの重要な方向性のほか「成功するグループ形成の要素」「グループ・プロセスを強化する創造

1　例外探しの意

47

表2-3 「正しいもの」「機能しているもの」への焦点づけ（Sharry, 2007 袴田・三田監訳 2009 より）

目的

しばしば人は，「悪いニュース」を話したり，彼らの生活の中での問題について報告することに気を取られます。この練習問題の目的は，これを逆転させ，あなた方の生活の中で，問題なく進んでいる「良いニュース」を話すことを奨励するためにあります。これはちょっと難しいかもしれません。何故ならば，賞賛される中で，自分自身に関して話すことには慣れていないからです。同様に，聞き手の人たちにとっても，難しいかもしれません。なぜならば，話し手に，積極的に話すように励ますことにも慣れていないからです。しかし，良いことを見つけ出し，そのことを確信し始めると，話し手にとっては，大変勇気を起こさせ，役立つはずです。聞き手にとっても，異なった見方に気づくことにもなり，そして，話し手の生活における良いことの全てを聞くことは，気分転換にもなるでしょう。

方法

聞き手，話し手，観察者という3つの役割にグループを分けます。練習問題は，それぞれ5分から10分続けます。各自，それぞれの役割を演じられるように，役を交代しながら，3回練習問題を繰り返さなければなりません。

話し手の役割について

各自，自分の生活の中で，今現在，問題なく進んでいることを見つけ出すことと，自分の楽しくしている何かを取り上げることになります。例えば，自分にとって良い関係や，自慢に感じている何かや，あるいは，ちょうど先週上手くいった何か，などです。そして，聞き手に，何が良くて，それは何故か，を簡単に説明しなければなりません。また，生活の中で起こっているその良いことをどのようにして上手く得たかについても話さなければなりません。これが起きることに役立ったあなたが持っている資源は何だったのか？　これらの強さや資質は，個人としてのあなたについて，何を語っているのか？　などです。

聞き手の役割について

聞き手はパートナーの話を注意深く聞くこと。上記トピックスについて，話し続けるように励ますこと。それらを詳しく話すように励ますために，次のような質問をすることが出来ます。すなわち，

1 何が上手くいったのか？
2 一番楽しかったのは何か？
3 その良いことは，どのようにして起こったのか？それを引き起こすのに，どのようなことを行ったのか？
4 それが起きるために役立った，あなたが持っている資質は何だったのか？
5 それらの強さや資質は，個人としてのあなたについて，何を語っているのか？

観察者の役割について

観察者は，注意深く話しの経過を聞くこと。必要ならば，メモをとること。そして，最後に両グループにフィードバックをすること。すなわち，聞き手に対して，聞くことのスキルについて観察してきたことをコメントすることや，話し手に対して，観察してきた以上の話し手の強さについてコメントをすること。

第2章　精神療法や臨床心理学からの示唆

的エキササイズ」などについても記載されているので，興味のある方はぜひ参考にしてみて欲しい。

3．実践の前に──グループ実践の方向性

(1)　目標を確認する

　学校のキャリア教育であれば，目標として「自己理解を進め，自分の将来について考える」だけでなく「仕事や社会（顧客）のニーズについて理解する」「他者と協力することの必要性・重要性について理解する」ということもあるかもしれない。企業のキャリア研修であれば「自己の生きがい・やりがい・働きがいを理解する」だけでなく「自己の生きがい・やりがい・働きがいと，会社の目標とを摺り合わせる」「会社（組織）の目標に対して，自分が何にどう貢献できるのか考える」ということもあるかもしれない。

　要は，そのグループ・カウンセリングの中で何が目標になっているかをグループメンバーと事前に（あるいは初回に）共有しておくことが重要になってくるということである。その確認をしっかり行うことで，カウンセラー（ファシリテーター）とメンバー間の，あるいはメンバー同士の軋轢や齟齬を一定程度防ぐことができるようになる。また目標が共有されることで，グループ間の凝集性も高まる。さらには問題が生じた際の対応の原則が定まることにもなる。グループを行う際には，ごく初期に「グループの目標を参加メンバー間で確認する」を意識することが望ましい。

(2)　守られた非日常であるグループ活動を，「外」「日常」とつなぐ

　グループ・キャリア・カウンセリングであれば，クライエントの自己理解と仕事理解（あるいは企業や社会からの要請）をつなぐ必要が出てくる。あるいはクライエント同士が自らの自己理解・仕事理解を共有することで，より深い自己理解・仕事理解が得られるかもしれない。グループ経験をその場限りのものにせず，グループ活動と日常生活をつないでいったり個人の経験を集団で共

有していったりすることも重要となるだろう。場合によっては各自に「次回までの宿題」を出す場合もあるかもしれない。宿題の結果をメンバーで共有する場合も出てくるかもしれない。

また複数回のグループ活動の場合，前回の振り返りや前回のグループを踏まえてメンバーが「変化したこと」などを共有することも重要かもしれない。メンバーの良き変化は，他のメンバーにとって良きロールモデルとなり得る。またメンバーの悪いほうへの変化も，それを隠したり否定したりするのではなく，次の成長のために活用することをカウンセラー（ファシリテーター）として考えていくことも，重要になると考えている。良いものばかりを見せ，悪いものを隠すのではなく，良いものも悪いものもメンバーに見えるようにし，目標を踏まえて「皆で考えていく」姿勢が重要なのである。

(3) 必要に応じて介入する

グループ活動あるいは個別メンバーに危機が生じたときは，カウンセラー（ファシリテーター）が介入する必要が出てくる。第1項で出てきたように，メンバーの人格や意見の否定，発言の強制，対人関係の距離の混乱，グループの目的と一致しない行動あるいは分離不安などへの介入である。

またグループ活動初期には，グループ目標やルールの確認のほか自己紹介やグループメンバーの共通点・共感できる点探しワークなどのアイスブレイクを行い，グループの凝集性を高めていく。必要に応じて，カウンセラー（ファシリテーター）自身の正直な自己開示が効果を現す場合も出てくるだろう。

カウンセラー（ファシリテーター）は「自分を含めたグループ」がグループとして，また個々のメンバー自身が成長できるよう，その環境を維持・発展させていく必要がある。サブグループの出現や特定のメンバーの反発を認めないのではなく，認めた上で「グループとしてどう成長していくのか」を議論するきっかけとする必要があるのである。

(4) 目標達成度を確認する，終結する

グループ活動が終わりに向かう段階で，各メンバーから「グループ活動の評価」をしてもらう。それが各メンバーの振り返りにもなり，カウンセラー（ファシリテーター）の評価・反省・振り返りにもなる。それらを1つ1つチェックしながら，必要に応じてその場で（あるいは事後的に）介入・フォローアップをしていく。

メンバーからの評価は自由回答でもいいだろうし，必要に応じてスケーリング等を用いたり，評価シートなどを用いたりして，メンバーが「評価しやすい」「書きやすい（あるいはしゃべりやすい）」形態とすることが重要である。メンバー同士が他のメンバーの意見を聴き，参考にできるようシェアしていくことも重要となる。合わせて，分離不安などを否定するのではなく「グループ卒業への不安」として前向きに取り上げ，グループ活動終了後の目標設定などを支援していくことも重要となる。

AGPA（2007，日本集団精神療法学会監訳 2014）ではアセスメントについてCOREバッテリー改訂版を推奨しているようであるが，これは基本的に学校や企業で使うようなものではないと考えている。

4．実践──語り合う，フォローする

(1) A大学での実践

A大学の教養科目「現代の働く環境」は，学生自らのキャリアデザインを目標とした1学期15コマの教養科目である。大学の講義であり，治療グループではないしセラピー／カウンセリングでもないが，グループ・キャリア・カウンセリングの知見を生かすことはできる。

授業の目標は，①時代により変化する社会生活の前提となる「働くこと」に関して，働く当事者としての基本的知識や態度を身につける，②社会に出てからも自らを磨くことができるような「働くこと」に関する基礎知識・スキルを身につける，こととし，授業の到達目標としては，①「働くこと」について，

社会のニーズと自分のやりたいこと，頑張りたいことを具体的に説明できる。これまでの自分の経験を振り返り，具体的に将来を考えることができる，②「いい仕事」を意識し，他の人と情報共有・意見交換・協力ができる，③「働くこと」に関する文献を読み，自分の経験と照らし合わせて自分の意見を言える，としており，逐次グループワークを行うことを初回の講義で説明している。これにより，受講学生に対して「グループとしての共通の目標」「参加する意義・目的」を明確化している。合わせて成績評価や出欠のルールについても説明している。

　授業登録が落ち着く第3回目をメドに座席を指定し，学年・学科・男女が交ざるような4人程度のグループを作っている（その後，数回おきに席換えをし，複数のグループを経験させるようにしている）。またグループ内で役割が固定しないように，グループワークごとに司会者や発表者を変え，誰もが同様に司会や発表を経験するようにしている。

　大学の講義のため，教員側で受講者の選抜はできないし，集団精神療法（サイコセラピー）のように事前にアセスメントはできない。ただし初回の講義等で講義内容や方針を話すことで，実質的な選抜をしているともいえる。受講登録後に数人の離脱者が出る場合もあるが，基本的にその数は非常に少ないのが現状である（なお脱落者のフォローアップもしていきたいのだが，教養科目の性格上，学生にメールしても返信がない場合が多く，欠席の多い学生について学科教員や大学カウンセラーに連絡することはあっても実態としてフォローアップはできていない）。

　講義内容としては，前半5コマ程度で質的キャリア・アセスメントを用いて個々の学生の自己理解をしっかりと行い，やる気を出す・維持する・損ねない方法について座学で学ぶ。中盤5コマ程度では他者との関係，情報共有・意見交換・協力の重要性などについて学び，グループワーク等を行う。後半5コマ程度ではそれらに加えてレポート（後述）課題も踏まえて「自分なりに考えるいい仕事」について考え，グループ内あるいは全体に対して発表を行う。

　学生の発言や質問を喚起するため，毎回の講義の後には規定の用紙（小テスト）を提出する必要があり，そこに必ず毎回の講義の感想や質問を書かせる。次の講義の際にはそれら感想や質問に対するコメントをまとめたものを配布し，

「感想や質問を言いやすい雰囲気」「質問すれば答えてもらえる状況」を作り出している。

また講義の中では座学だけでなく4人程度のグループの中で毎回自己紹介を行った上で,「今回の講義内容についてどう思ったか」「課題レポートをやってみてどう思ったか」をシェアする時間を確保している。課題レポートでは,『日本でいちばん大切にしたい会社』（あさ出版）『小さくても大きな日本の会社力』（同友館）などの書籍を読んで掲載企業に対する感想を書くものや,周囲の大人に仕事についてインタビューすることなどを課題とし,「いい仕事とはどういうものか」について個々の学生なりに文章を書かせている。これらをさらにグループで話し合わせることで,自らの「いい仕事」観を整理し,それぞれのメンバー間で異なる「いい仕事」観を把握してもらっている。こうした活動により「いい仕事観は人それぞれ」,「自分なりのいい仕事観を確立する必要性」,「その仕事観に基づいて日常でも行動をしていく必要性」,「自分なりの仕事観に合う企業を探す必要性」について気づいてもらっている。

⑵　Ａ大学実践における介入

日本において「目立つことをする」「人と違うことをする」ことは,特に小中高校ではリスクにもなりかねない。ある程度の成功をしてもよほどのことでもない限り学校ではあまり褒められないのに対し,何らかの失敗をすれば怒られるとか笑われるとか悪目立ちするなどのリスクがある。そこで児童・生徒たちは（厳しい部活などを除けば）「何もしない」あるいは「人と同じことをする」ことでリスクや失敗を回避している。何もしゃべらなければ誰から突っこまれることもなく,リスクも回避できる。何もしなければ,成功はないかもしれないけれど少なくとも失敗もない。しかしそれでは最大限の成長は得られないし,コミュニケーション能力も伸びない。いかに「自信がない」「コミュニケーションが苦手」と言う学生の多いことか。

上記の講義では「何もしなければ,失敗もない代わりに成功もない」「成長のためにはチャレンジが大切」ということを繰り返し伝えている。学生からそうした感想や行動が出た場合にはコンプリメントし,そうした感想や行動があ

ったことを他学生にも伝える。「自信がなくて行動できない」という感想があれば、「自信がないことによる不安」を肯定した上で、「でも未来に向けて自信をもちたいよね」「未来に向けて自信をもつには知識や経験を積むことが大切だよね」という情報を提供する。「未来が不安だ」「将来どんな仕事についていいかわからない」から何もできないという学生に対しては、「未来が不安でなくなるためには、今から知識や経験を積んでいったほうがいいよね」「どんな仕事に就くか決めるためにも、知識や経験を積んでいったほうがいいよね」というふうに、停滞の問題を指摘して未来に向けて行動する利点を伝え、行動を促す。他の学生にもそうしたコメントを提供する。グループでも話し合わせ、「どうすれば行動できるか」「行動することのメリット・デメリット」について話し合わせたりもする。最終的にはそれぞれの学生が考える「いい仕事」を発表しあい、他の学生の「いい仕事」と比較し、自分の「いい仕事」観を振り返る機会を提供している。

　またグループワークの際には、教壇の上から指示するだけでなく、教室内を歩き回って「机間指導」を行う。発言が途絶えたグループにはどういう状態か確認し、「他の人の意見に対する感想を行ってみては？」とか「質問してごらん」などの介入（ヒント）を提供する。あるいは「議論が盛り上がるにはどうしたらいいか、話し合ってみて」というような議論のネタを提供する場合もある。

　こうして何度か席換えをしてメンバーの異なるグループ体験を行い、最終的には学生だけでもグループ発達できるようになるべく、グループの発達を前面（教員側）だけでなく側面（メンバー同士）からも支援していく。

(3)　Ａ大学実践の効果・課題

　こうした講義に参加した学生の感想を見ると、
「この講義で考え方や行動を変えることができた」
「働き方やいい仕事について考えさせられた」
「みんな仕事について真剣に考え、将来を見据えているので、私もみんなにまけないようにがんばりたいです」

第2章　精神療法や臨床心理学からの示唆

「私は失敗することが嫌いでした。だから失敗を恐れてなかなか声に出したり，手をつけたりすることが苦手でした。（この講義を受けて）社会人になってから失敗するよりも，今たくさん失敗して，その後に同じ失敗をしないために次から何をすればいいのかを考えることが大事だと思いました」
などのコメントが寄せられた。就活時期でない大学1，2年生であっても，グループで「いい仕事」「必要な役割分担」「責任」などについて考えることで，これまでの自らの思考／行動パターンを振り返り，「仕事」や大学生活に対して前向きに取り組むことができるようになっていくのである。
　一方で，
「考え方の幅は広がったが，どの意見も正しく聞こえ，何が正しいのか分からなくなった」
「様々な人と話すことで将来に向けた視野が広がった。しかし，やりたいことがわからなくなってきた」
という学生も出てくる。こうした意見については（特に1，2年次の学生には）「自分にとっての優先順位を考えて，これから1つ1つ行動していこう」というように返答しているが，並行してジョブ・シャドウやインターンシップなど具体的な行動を行うイベントへの参加を勧めてみるなどの行動面の支援も大切にしている。これらは教育活動のため，カウンセリングに比べると教員側の情報提供（アドバイス）や働きかけが多い面はあるが，参加する学生の発言を促し，他に参加している学生の発言を参考にするという面で，グループの効果を活用している例だと考えている。

(4)　キャリア研修での実践

キャリア・カウンセラーや教員，社員の研修でも
- メンバーの発言（人格）を否定しないことを徹底する
- 価値観や意見の違いを認める／メンバーの意見を共有する
- 沈黙することでなく，発言することを歓迎する
- ただし，しゃべりたくないことはしゃべらなくて良いことを伝える
- 共感したことはそう伝える，良いと思ったことはコンプリメントする

・守秘義務を徹底する

を注意喚起することが重要になる。

　キャリア・カウンセラーが自分の能力を誇示したいが故にクライエントに（あるいは他のカウンセラーに）強く発言したり，あるいは逆に自分の能力を低く見られたくないために発言しなかったりということが起こりかねない。メンバー間で，話す側と聞く側とに上下関係が生じると「自由な語り」が阻害されかねない。

　そこで「解決しなくても構わない程度に軽い問題の解決を考える」のような簡単な問題から開始することで上下関係をなくし，各メンバーが「自分の普段の思考／行動パターン」に気づき，それ以外の思考／行動パターンがたくさんあることに気づいてもらうようにしている。最初にこちらで用意したいくつかの事例をやってもらった上で「グループの中で，どなたか解決しなくても構わない程度に軽い問題を提供してくれませんか」とワークを進めていっている（具体的には，「甘いものがやめられない」とか「ダイエットが続かない」「夫が目の前でおならをする」程度の軽いもので考えてもらっている）。そしてもちろん事例提供者を非難したり批判したりすることを禁止し，守秘義務を徹底することを共有する。

　こうした「簡単な問題」について上下関係なく明るく楽しく議論することで，自分の能力を誇示したり批評を恐れて発言しなくなることを避け，自由な発言を出やすくし，またメンバー全員での議論をしやすくする。メンバー全員で議論をすることで，異なる解決パターン（＝異なる思考／行動パターン）が多数あることに気づき，「より良い解決方法」を見つけやすくなる。ベテランにはベテランなりの，初心者には初心者なりのセンスがあることに気付く。研修時間が十分にある時は，これをメンバー全員の「簡単な問題」で回す。

　上記の事例検討を行うことで，「語る（語り合う）ことが楽しい」，「語る（語り合う）ことで問題解決がしやすくなる」，「自分の存在が認められている／周囲に支えられている」という感情や体験を持ってもらいやすくなる。また結果として思考／行動パターンの引き出しを増やすことが可能となる。

　キャリア・カウンセリングは日本ではまだ新しい文化・歴史のため，キャリア・カウンセラーの中には自らはロールプレイ以外ではキャリア・カウンセリ

ングを受けたことがない人も少なくない。しかしこれでは，より良いキャリア・カウンセラーへの成長は望めない。かといって「自分が批判・批判される
のではないか」という心配をもっていては，安心してキャリア・カウンセリングを受けることなどできないし，事例検討も進まない。キャリア・カウンセリングを学ぶに当たっても「安心して発言や意見交換ができる（できた）」「自分の存在が認められた／周囲に支えられた」という場を作ることが重要になってくると考えている。

(5) キャリア研修での効果・課題

キャリア・カウンセラーや教員，社員に研修をしてグループで研修成果をシェアしてもらい，グループの中で発表者を決めてもらうと，日本では得てして年配者・男性が発表する場合が多い。実際には年長者・男性がグループを仕切っていない場合もあるが，その場合でもその場を仕切っているメンバーが年長者・男性に発表を振ることが多いように感じている。これはよくいえば日本が「年配者・男性を立てる」文化だからともいえるが，これではメンバー全体の相互成長を最大化できないと考えている。人生経験の長短にかかわらず，必要な役割分担により誰もが司会ができ，自分の意見を言い，人の意見を聴き，発表者になる機会を作ることが重要と考えている。誰か特定の人だけが場を作るのではなく，全員が参加しながら，全員が納得のいく（あるいは身になる）場を作り上げていくことが重要となる。

このため司会者や発表者をローテーションで変えたり，発言の順番を決め全員に発言してもらうようにしたり，カウンセラー（ファシリテーター）が場づくりに気をつけることが重要となる。講師席に座っているだけでなく，小中高校の先生のように机間を歩き回りながら，1人1人のメンバーだけでなくグループの動き，人間関係を注意深く観察していくことが必要になる。時には介入することも必要になってくるであろう。

(6) 間接体験の可能性・効果

　新聞や雑誌などの人生相談を読むことでも，キャリア・カウンセラーは間接的な体験を増やすことができると考えている。直接的なグループではないが，自分とは異なる人間の相談内容あるいは相談への回答を読むことで，「そういう悩みを抱えている人もいるのだ」「そういう回答をする人もいるのだ」ということを間接的に体験することができる（教員であれば他教員の教育事例でも良いだろうし，企業担当者であれば他企業の研修事例でも良いかもしれない）。

　また事例検討会などをグループ体験として活用することができる。現在の日本のカウンセリング分野では，事例検討会はややもすると指導者や先輩が学生や後輩の「ダメな点をあげつらう」場になりがちで，事例検討会が成り立ちにくい（誰も検討事例を出したがらない）雰囲気もない訳ではないが，「他の人も自分のカウンセリングに悩んでいるんだ」とか「そういう解決方法もあるのか」という学びの場になるべき場のはずである。そのためにも

- 事例提供者の発言（人格）を否定しないことを徹底する
- 事例提供者の困り感に寄り添う／困ってないところには触れない
- 価値観や意見の違いを認める／メンバーの意見を共有する
- 沈黙することでなく，発言することを歓迎する
- ただし，しゃべりたくないことはしゃべらなくて良いことを伝える
- 共感したことはそう伝える，良いと思ったことはコンプリメントする
- 守秘義務を徹底する

を徹底することで，よりよい事例検討会になるのではないかと考えている。すでにそうした取り組みを進めている先生方も増えてきており，こうした方式が主流になることを祈っている。

5．まとめ

(1) グループ活動のススメ

　グループ・カウンセリングには1対1のカウンセリングにはない，メンバー

第2章　精神療法や臨床心理学からの示唆

の影響力という効果がある。一方でそれは，カウンセラー（ファシリテーター）がうまく管理しないとネガティブな影響力となる場合もある。

またグループ・カウンセリングをナラティブ・アプローチで行うことで，クライエントのポジティブな側面（資源）に注目しやすくなり，短期に終結しやすくなる。あるいはネガティブな側面について客観視できるようになったり，ネガティブな側面やその原因に（時間的にコスト的に）囚われ過ぎるのではなく，解決に向けて考えられるようになったりしていく（本書では紙幅の関係でナラティブ・アプローチに関する説明は省いている。詳細は章末の参考文献などを参考にしていただきたい）。

それはキャリア・カウンセリングにおいても同じである。ナラティブ・キャリア・カウンセリングでよく用いられる質的アセスメント（構造的な質問やワークシートなど）をグループに用いて，グループメンバーそれぞれが語ることによって，普段とは異なる思考／行動パターンに触れることができ，自らの問題を孕むドミナント・ストーリーに気づきやすくなり，未来の問題解決を導くオルタナティブ・ストーリーを見出しやすくなると感じている。

日本集団精神療法学会編集委員会（2017）は精神療法的取り組みとはなるが福祉領域，教育領域，様々な医療現場での実践の展開について述べられており，グループ・キャリア・カウンセリングに直接に参考になるというものではないが，それぞれの分野・場面における注意点は参考になるかもしれない。

(2)　グループ活動の注意点

第1項第3節のグループ発達で見たとおり，グループを形成すると，最初は緊張が生じカウンセラーへの依存（グループの回避）が生じるし，途中では個人あるいはサブグループ同士の権力争いや混乱が生じるかもしれない。また終結期にはグループからの分離不安が生じるかもしれない。終結の際には，終結に向けて一定の儀式（例えば目標を約束しあうなどの卒業宣言的なものやメンバー同士による勇気づけなど）が必要になるかもしれない。

カウンセラー（ファシリテーター）は，こうした1対1のカウンセリングとは異なるグループの特徴を十分に理解した上で，グループ活動を効果的・効率

的に行っていく必要がある。

　そのためにもカウンセラー（ファシリテーター）は可能な限り事前にグループやグループメンバー1人1人についてよく学ぶこと，グループをよく観察すること，グループメンバーの声によく耳を傾けること，グループメンバーにグループを評価してもらうこと，フォローアップをすることなどが求められる。可能であれば，グループ活動についてのスーパービジョンや先輩や同僚からアドバイスを受けることも良いだろう。それはカウンセラー（ファシリテーター）への批判ではなく，カウンセラー（ファシリテーター）の能力が足りないことを示しているものでもなく，カウンセラー（ファシリテーター）自身やグループメンバーを守るものだと考えることが大切である。スーパービジョンやアドバイスをする側も，当人を否定するのではなく，できていることを認め，困り感に寄り添うことが重要である。

(3)　介入の注意点

　グループ活動の注意点を踏まえながら，グループをよく観察し，グループ発達段階に応じた介入をしていく必要がある。日頃からグループの事例研究を読みながら自分なりに検討したり，自らグループメンバーとしてグループに参加して上手なカウンセラー（ファシリテーター）の介入を観察したり，同僚とグループワークやロールプレイなどをしながら，日々研鑽を積むことが求められる。

　1対1のカウンセリングと異なり他のメンバーの攻撃的発言が出ないとも限らないので，カウンセラー（ファシリテーター）自身やグループメンバーを守るためにも，傾聴（傍観とはいうまい）ばかりではなく，必要な時には必要な介入を行うことが大切となる。そのためにも日々の研鑽が重要となろう。

(4)　終結時・終結後の注意点

　険悪な（あるいは問題のある）グループ体験をした場合，それが心の傷になる場合もあり得るし，そうでないまでも効果が感じられないグループ体験もな

い訳ではない。

グループメンバーの評価や感想を聞きながら，事後的にも介入をする必要も出てくる。グループ全体で（時にはメンバーを変えて）再度集まることもあるかもしれないし，個別対応になるかもしれない。契約や時間の問題もあるが，当初予定されていたグループ活動が終わったから全て終わりではなく，個々人の成長のためにも最後まで責任をもつことが重要となる。

また過去に険悪な（あるいは問題のある）グループ体験をした人が，現在のグループ体験にかなりの緊張感・嫌悪感をもって参加するかもしれない。もしそうした情報が事前に分かっていれば，その人に一定の配慮をしながら見守っていき，しかしその人が「いいグループ体験」ができれば，その人のグループに対する印象も変わってくるだろうし，必要があればグループ体験のリスクや意味について解説することも効果的かもしれない。小中高で「建前的・表面的なグループワーク」をやらされてきてグループワークに偏見のある学生は少なくないが，「いいグループワーク」を体験することでその印象が変わる学生は多い。さらに「いいグループワークとなる条件・方法」を提示することで，今後の日常生活でも上手くグループを活用できる可能性も高まる。

【引用・参考文献】

安部恒久（2010）．グループアプローチ入門——心理臨床家のためのグループ促進法 ―― 誠信書房

Lee, M.Y., Sebold,J., Uken, A. (2003). *Solution-Focused Treatment of Domestic Villence Offenders: Accountability for Change.* Oxford University Press.
（リー，M. Y. シーボルド，J. ウーケン，A. 玉真慎子・住谷祐子（訳）（2012）．ＤＶ加害者が変わる——解決志向グループ・セラピー実践マニュアル―― 金剛出版）

日本集団精神療法学会編集委員会（2017）．集団精神療法の実践事例30グループ——臨床の多様な展開―― 創元社

Sharry, J. (2007). *Solution-focused Gruopwork.* London, Thousand Oaks and New Delhi and Singaopre: Sage Publications.
（シャリー，J. 袴田俊一・三田英二（監訳）（2009）．解決志向グループワーク——臨床心理学の応用とその展開―― 晃洋書房）

The American Group Psychotherapy association (2007). *Clinical Practice Guidelines for Group Psychotherapy*. New York: The American Group Psychotherapy association.

（アメリカ集団精神療法学会　日本集団精神療法学会（監訳）西村馨・藤信子（訳）（2014）. AGPA集団精神療法実践ガイドライン　創元社）

渡部昌平（編著）（2015）. 社会構成主義キャリア・カウンセリングの理論と実践──ナラティブ，質的アセスメントの活用── 福村出版

渡部昌平（2016）. はじめてのナラティブ／社会構成主義キャリア・カウンセリング　川島書店

渡部昌平（編著）（2017）. 実践家のためのナラティブ／社会構成主義キャリア・カウンセリング──クライエントとともに〈望ましい状況〉を構築する技法──福村出版

Yalom, I. D. (1995).*The Theory and Practice of Group Psychotherapy 4th edition*, Basic Books.

（ヤーロム，I. D. 中久喜雅文・川室優（監訳）（2012）. ヤーロム　グループサイコセラピー　理論と実践　西村書店）

※行動療法的な立場からも，類似した技法を用いているグループがあるので，参考までに紹介しておく。

Farreell,J.M. & Shaw,I.A. (2012) . *Group Schema Therapy for Borderline Personality Disorder*. John Wiley & Sons Ltd.

（ファレル，J. M. ショー，I. A. 伊藤絵美（監訳）（2016）. グループスキーマ療法──グループを家族に見立てる治療的再養育法実践ガイド──　金剛出版）

Harris, R. (2009). *ACT Made Simple An Easy-to Read Primer on Acceptanceand Commitment Therapy*. Oakland, CA: New Harbinger Publication.

（ハリス，R. 武藤崇（監訳）（2012）. よくわかるＡＣＴ　アクセプタンス＆コミットメント・セラピー　明日からつかえるＡＣＴ入門　星和書店）

※また一般的なグループワークを行うことでもコミュニケーションの重要性や協力の重要性に気づくことができる。良質なグループワークを集めた書籍などを紹介しておく。

Douglas, T. (2000). *Basic Groupwork*. Routledge.

（ダグラス，T. 渡辺嘉久・杉本敏夫（監訳）（2003）. ベーシック・グループワーク　晃洋書房）

星野欣生（2003）. 人間関係づくりトレーニング　金子書房

星野欣生（2007）. 職場の人間関係づくりトレーニング　金子書房

津村俊充（2012）. プロセス・エデュケーション──学びを支援するファシリテーションの理論と実際──　金子書房

第3章

グループ・キャリア・カウンセリングスキルとは

新目　真紀

はじめに

(1)　キャリアコンサルタントを取り巻く環境

　現在の社会経済環境がきわめて予測困難な状況に直面しているという認識を表す言葉に VUCAワールドというという言葉がある。Volatility（変動），Uncertainty（不確実），Complexity（複雑），Ambiguity（曖昧）の頭文字をつなぎ合わせた造語である。現在の社会状況の変化の激しさと，予測困難さを感じない者はいないのではないだろうか。人生100年の長寿時代の生き方を説いた，リンダ・グラットンは，働き方の未来に影響を及ぼす要因として「テクノロジーの進化」「グローバル化の進展」「人口構成の変化と長寿化」「社会の変化」「エネルギー・環境問題の深刻化」を挙げている。AI，ロボット，IoT，電気自動車，スマートファクトリー，少子高齢化，SDGs（持続可能な開発目標）等々の例を出すまでもなく，社会経済環境の変化を引き起こす要因は複合的である。2017年の人材育成学会では，新卒採用選考プロセスに AI を導入する取り組みが発表され，ソフトバンク社は2017年の新卒採用のエントリーシート評価に AI（IBM Watson）を活用し時間の削減に成功したと発表している。これらの取り組みは様々な業界に急速に波及しており，マイナビも HR領域に特化した AIエンジンによる新たな企業検索サービスを提供し始め，人材

育成分野にも大きな変化の波が押し寄せている。

　リンダ・グラットンは『LIFE SHIFT（ライフ・シフト）』の中で，今まで人生のステージは「教育」「勤労」「引退」と３つに分けられてきたが，今後は皆が同じ時期に同じことをする一斉行進の時代は終わり，マルチステージの時代になると指摘している。今後，「エクスプローラー：様々な可能性を試す，探索の時期」「インディペンデント・プロデューサー：独立生産者の時期」「ポートフォリオ・ワーカー：副業・兼業の時期」「移行期間」という４つのステージが登場するそうだ。キャシー・デビットソン（ニューヨーク市立大学大学院センター教授）の「今の子供たちの65％は，大学卒業時に，今は存在していない職業に就く」という予測や，マイケル・A・オズボーン（オックスフォード大学准教授）の「今後10～20年程度で，約47％の仕事が自動化される可能性が高い」といった予測もある。兼業，副業することも考えるとマルチステージ，マルチジェネレーション，マルチジョブの時代で，現在の私たちからは想像もつかないような複雑さである。

　いずれにしても現在の延長線上で将来を予測することの困難さを示すものであり，2014年度の文部科学白書が指摘する通り，未来に向かう教育再生の歩みの中では「先を見通すことの難しい時代においては，生涯を通じて不断に学び，考え，予想外の事態を乗り越えながら，自らの人生を切りひらき，より良い社会づくりに貢献していくことのできる人間を育成することが重要です。」としている。しかしながら現実には，2016年の高大接続システム改革会議「最終報告」にある通り，新しい時代に必要な資質や能力は，「先進諸国に追いつくという明確な目標の下で，知識・技能を受動的に習得する能力が重視されたこれまでの時代の教育では，十分に育成することはできない。次代を担う若い世代はもちろん，社会人を含め，これからの時代を生きる全ての人が，こうした資質・能力を育むことができるよう，抜本的な教育改革を進める必要がある。」とされる。こうした中，2016年12月の次期学習指導要領の方向性を示した中央教育審議会答申「幼稚園，小学校，中学校，高等学校及び特別支援学校の学習指導要領等の改善及び必要な方策等について」では，新しい時代に必要となる素質，能力を育成する観点から，①何ができるようになるか（「知識・技能」「思考力・判断力・表現力等」「主体的に学習に取り組む態度」），②何を学ぶ

か（生きて働く「知識・技能」の習得），③どのように学ぶか（「主体的・対話的で深い学び」の実現（「アクティブ・ラーニング」の視点））の３つの視点で，学習指導要領の抜本的な見直しを視野に教育カリキュラムや学習・指導法，評価法の改訂が検討されている。

(2) 新しい時代に必要となるキャリアコンサルティングスキル

21世紀初頭，キャリア・ガイダンスとキャリア・カウンセリングは変化の激しい社会状況の中で様々な領域の課題に直面し，伝統的なキャリア・カウンセリングや，キャリア・アセスメント，キャリア・プログラムの妥当性が問い直されてきた。一般的に，高度に発展した社会では，生じた課題を専門領域ごとに細分化の上でアセスメントを実施し，当該専門領域が指向する解決方法で対処する傾向がある。伝統的なキャリア理論においても，人格，能力，興味といった特性，すなわち人の一部分に焦点を当ててキャリア上の課題を解決するアプローチが採られてきた。しかしながら2000年頃から次第に，個々の相互作用や，関係，意味生成，ナラティブといった社会構成主義キャリア・カウンセリング手法が開発され推奨されるようになってきた。伝統的なキャリア理論が，客観的なデータと論理的，合理的なプロセスを強調するのに対して，社会構成主義キャリア・カウンセリングでは，個人の主観性と，他者や環境との相互作用を重視する。こうした手法においては，クライエントの立場は受け身の受益者から能動的な主体に変化すると共に，キャリアコンサルタントに対しても専門家としての役割に加えてファシリテーターとしての役割が期待される。

『実践家のためのナラティブ／社会構成主義キャリア・カウンセリング』6章の中で紹介した通り，筆者は2012年からキャリアコンサルタント向けの研究会の中で，社会構成主義キャリア・カウンセリング手法を紹介してきた。社会構成主義キャリア・カウンセリング手法は，質的アセスメントを用いる。質問項目に回答する形でクライエントに受動的な関わりを求める量的アセスメントに対し，質的アセスメントは非統計的なものであり，クライエントに自分の内面を分析するといった能動的な関わりを求める。

Goldman（1992）は，質的アセスメントが提供するフレームワークに沿って

内面を分析することで自分自身について学ぶことができ，文化や宗教，社会経済，性差，障害といったことに関する理解を促進すると説明している。さらに質的アセスメントは，グループの中で活用されることでより効果が得やすいことが指摘されている。社会構成主義では，知の再構成（リフレーミング）は，個人で行う省察（リフレクション）と他者や環境との相互作業による協働の省察（コラボレーティブ・リフレクション）で生じると考える。筆者も，実際にキャリアコンサルタント向けの研究会で様々な質的アセスメントを紹介する中で，グループで学び合える場を作ることで，社会構成主義手法の理解が促進される状況に幾度となく遭遇している。しかしながら，社会構成主義手法を理解したからといって，グループで学び合える場を作ることができるようになるわけではないことも実感している。その理由は，カウンセリングスキルとは別に「キャリア・コンサルティング実施のために必要な能力体系　Ⅲキャリア・コンサルティングの相談実施において必要なスキル」の1つとしてグループアプローチ・スキルを挙げてはいるものの，グループアプローチ・スキルを経験的に学べる場が少ないからではないかと多くのキャリアコンサルタントと話す中で，考えるようになったからである。

　人は他者との交流を通じて自己認識を獲得する。マルチステージ，マルチジェネレーション，マルチジョブの時代では，固定的な職業概念がゆらぎ，これまで以上に自己認識を獲得する支援が必要になる。本章では，これまでのキャリアコンサルタント向けの研究会における筆者の経験を踏まえ，キャリアコンサルタントがグループアプローチ・スキルを養成できるようにする方法を検討する。第1節で文献を基に，キャリア支援に用いられるグループアプローチ（以下，グループ・キャリア・カウンセリング）がどのようなものかを紹介し，第2節ではグループ・キャリア・カウンセリングスキル実施に必要なスキル，第3節では組織内でのグループ・キャリア・カウンセリング実施方法を紹介する。第4節では外部環境の変化にいち早く対応している企業でのグループ・キャリア・カウンセリング実践事例2件を紹介する。第5節では，こうした事例を踏まえ，グループ・キャリア・カウンセリングが実施できるキャリアコンサルタントを養成する方法を検討する。

1. キャリア支援で用いられるグループアプローチとは

　エンカウンター・グループの実践と研究を長年にわたって続けている野島（1999）は『グループ・アプローチ（現代のエスプリ）』の中で，グループアプローチを「自己成長をめざす，あるいは問題・悩みをもつ複数のクライエントに対し，一人または複数のグループ担当者が，言語的コミュニケーション，活動，人間関係，集団内相互作用などを通して心理的に援助していく営みである」と説明している。同じ一つのゴールを目指し，複数のメンバーが個々の能力を最大限に発揮しつつ一丸となって進んでいく組織やチームを作るチームビルディングとは異なり，メンバー個人の成長に焦点を当てて活動をするということである。

　Pyle（1986）では，グループアプローチを「共通の目標と類似の問題を有するクライエント数人が会合し，リーダーの助言のもとに相互の情報，意見を交換し合うことによって，各自の問題解決に資することを目的にするグループ活動」と定義している。また「グループカウンセリングはカウンセリングという職業の歴史の初期から結びついて発達して来た。しかし，キャリア支援のためのグループカウンセリングは，これまで殆ど注目されて来なかった」と述べている。ペイル博士は，1976年から教育機関以外にも様々な環境でグループ・キャリア・カウンセリングの有効性を検証している。本節では，ペイル博士の著書を基に，グループ・キャリア・カウンセリングが，グループ・ガイダンスやグループ・カウンセリングとどのような点が異なり，どういった意義や有効性をもち，どのように実施すべきかを説明する。

(1)　グループ・キャリア・カウンセリングとは

　グループ・キャリア・カウンセリングは，グループ・ガイダンスやグループ・カウンセリングと似た概念であるが，内部情報（認知，感情など）と外部情報（例えば，職業情報，アセスメント）の両方を個別化して処理する点が異なる。すなわち，グループ・キャリア・カウンセリングでは，グループ活動を

表3-1　グループ・カウンセリングとグループ・キャリア・カウンセリング（Pyle,1986 を
　　　　もとに筆者作成）

	グループ・カウンセリング	グループ・キャリア・カウンセリング
情報源	主に内部 自身の知識	内部と外部 自身の知識や教育の職業の選択肢に関する事実
グループ プロセスの 目的	信頼構築 考えの活性化 内部情報の明確化 意思決定スキルの満足を増やす	信頼構築 考えの活性化 内部情報の明確化 意思決定スキルの満足を増やす アクションプランの作成
アウトカム （成果）	不安の軽減 自信の向上 行動の修正	不安の軽減 自信の向上 キャリアに関する気づきの向上と調整

推進する上で，外部の情報を使用して，クライエントがキャリア意思決定をするための支援をする点が特徴となる。

　グループ活動を推進するカウンセラーについては，基本的なカウンセリングスキルを保有していることを前提としている。グループ活動の推進方法は，グループ・カウンセリングとグループ・キャリア・カウンセリングは似ており，グループ・ガイダンスでは，カウンセラーが情報を提供する講師としての役割を担うのに対し，グループ・カウンセリングでは，グループのメンバーがグループプロセスの一環として，クライアントの洞察を刺激し，課題を言語化することを容易にするファシリテーターとしての役割を担う。誰が話しの大部分を行っているかでグループ・ガイダンスかグループ・カウンセリングかを判断することができるという。表3-1 はグループ・カウンセリングとグループ・キャリア・カウンセリングの比較である。

(2)　グループ・キャリア・カウンセリングの意義

　グループ・キャリア・カウンセリングは，グループカウンセリングと同様に，「インストラクション（説明）」，「エクササイズ（演習）」，「シェアリング（分

かち合い）」で構成される。グループ・キャリア・カウンセリングに関する文献を整理すると，その意義には以下がある。

①参加者のキャリアに関する不安（認知）を正常化できる，②個別のキャリア・カウンセリングよりも時間を効率化できる，③個別のキャリア・カウンセリングより多くのフィードバックを得られる，④グループメンバーのアセスメント結果を聴くこと等によって，自身に関する情報のパーソナライズ化を進められる，⑤グループ・キャリア・カウンセリングを経験することが，カウンセラーの個人的，専門的な能力の開発に寄与する，⑥個別キャリア・カウンセリングより楽しさと多様性がある。

特に⑤については，キャリアコンサルタント向けの研究会における筆者の経験とも一致するものである。グループ・キャリア・カウンセリングでは，使用する「エクササイズ」によって参加者の得られる効果が異なる。エクササイズを用いるメリットには以下のようなものがある。

(1) グループへの参加を促進する
(2) グループの焦点を合わせたり，シフトさせたりする
(3) 経験学習の機会を提供する
(4) グループメンバーに関する有益な情報を提供する
(5) グループの快適度を高める
(6) 楽しさとくつろぎを提供する

『グループ・キャリア・カウンセリング実践と原理第2版』では，ヤーロム（1995 中久喜・川室監訳 2012）の提示したグループセラピーの 11 の療法的因子を用いて，グループ・キャリア・カウンセリングを説明している。療法的因子とは，患者に変化をもたらすメカニズムを指す。クライエントの改善は込み入った人間体験の相互作用を通して起きることから，11 の各因子は相互依存的であり，独立して機能するものではない。またグループによって，用いる技法（ホットシート技法や非言語的技法など），クライエントの年齢，課題が異なることから，11 の因子全てが有効とは限らない。しかしながら，こうした因子を知ることは，グループ・キャリア・カウンセリングを実施する際の目安

になる。ヤーロムは，一度グループについての訓練を受け，その理論と技術をマスターすれば，どのようなグループに対しても，治療的に効果のあるアプローチをとることができるようになると説明している（ヤーロムの 11 の療法的因子に関する詳細は 2 章を参照）。表3-2 は，Pyle & Hayden（2015）のグループ・キャリア・カウンセリングの療法的因子を基にまとめたものである。

表3-2　グループ・キャリア・カウンセリングの療法的因子（Pyle & Hayden, 2015 およびヤーロム（1995 中久喜・川室監訳 2012）をもとに筆者作成）

① 希望をもたらすこと
　　キャリア意思決定に際しても，クライエントに希望を与え，それを持続させることは重要である。
② ユニバーサリティ
　　クライエントの多くが，自分の悲惨さは他には類がなく，自分一人が受け入れがたい問題や考え，衝動，幻想などを抱いているという不安な思いでカウンセリングを受け始める。グループのメンバーがグループ内にいる理由と，彼らが直面しているキャリアの課題を明らかにするために，個人がそれほど孤独ではなく，より結びついていると感じられるようにする必要がある。このタイプの共感は，グループメンバーに穏やかな影響を与える。
③ 情報の伝達
　　グループ・ガイダンスやグループ・カウンセリングとの相違点で書いた通り，グループ・キャリア・カウンセリングでは適切な時にキャリア情報を提供することが重要となる。ヤーロムの「情報の伝達」因子の説明では，「講義的教育」がここ 10 年の間で重要なものの一部として用いられるようになったと指摘されている。
④ 愛他主義
　　自分や人生の無意味さを嘆く多くのクライエントが，病的な自己没入に耽っている。ヤーロムは，人生の意味は結果として生じるものであり，意図的，自覚的に追及できるものではない。すなわちそれは，常に派生的な現象であって，私たちが自分自身を超越し，我を忘れて自己の外部の代謝（ないしは何か）に没中するときに実現するものであるとしている。グループ・キャリア・カウンセリングにおいても，メンバーが自分の仕事やキャリア経験に基づいて有益な情報を提供し，有用なフィードバックを提供することは珍しいことではない。グループのメンバーが互いに良い意思決定をするのに苦労しているという事実を知る事を通じて，グループがより強く育つ。
⑤ 初期家族関係の修正的な繰り返し
　　ヤーロムは，グループに参加するクライエントの圧倒的多数は，人生で一番初めの最も重要な集団である初期家族においてひどく満たされない体験をもっていることを指摘している。グループ・キャリア・カウンセリングにおいても，キャリア意

思決定において家族の影響について比較する機会をもつことが有効である。

⑥　ソーシャルスキルの発達

　　グループアプローチを経験することによってソーシャルスキルが養成されるという先行研究は多い。グループ・キャリア・カウンセリングでは，雇用主を想定した面接場面や，職業選択を指示しようとする家族に直面するためにソーシャルスキルが役立つ。

⑦　模倣行動

　　社会心理学的研究では，模倣行動が治療に役立つことを実験的に証明している。グループセラピーでは，似たようなパターンの問題を抱えたクライエントのセラピーを見て，それが役立つというのは珍しいことではない。グループ・キャリア・カウンセリングでは，キャリア決定で苦労している仲間の洞察を得ることができる。他の人が意思決定をどのように行っているかを観察し，意思決定に使用する基準を知ることは，グループメンバーにとっても価値がある。

⑧　対人学習

　　グループ・キャリア・カウンセリングは，ポジティブで受容的な環境の中で，強い社会的相互作用の機会を提示する。そのような相互作用は相互学習を促進し，グループメンバーが積極的な社会的状況から利益を得ることを可能にする。

⑨　グループの凝集性（グループの基本的特性）

　　この用語は，グループが結合し，オープン性と共有を可能にする信頼と確信のレベルを発展させた程度を指す。リーダーがつながりと相互尊重を促進することができる程度が，グループのプロセスとそれに伴う学習と成長にとって肝要である。

⑩　カタルシス

　　感情のオープンな表現は，グループプロセスにとって不可欠である。グループ・キャリア・カウンセリングでは，キャリアの方向性を見いだす際に不満や怒りを分かち合う機会が与えられたときに，個人が有意に利益を得ることは珍しいことではない。カタルシスなしでは，グループはすぐに個人が未熟になるという無秩序な対話に退化する。カタルシスで起きている自己開示は，グループを運営する燃料となる。

⑪　実存的因子

　　どんなに多くの助言やサポートを人から得たとしても，自分の人生の生き方について基本的な責任は自分にあると学ぶこと。

　第1節では，Pyle（1996），Pyle & Hayden（2015）およびヤーロム（1995 中久喜・川室監訳 2012）等の文献を基に，グループ・ガイダンス，グループ・カウンセリング，グループ・キャリア・カウンセリングの相違点を概観した。基本的にグループ・キャリア・カウンセリングは，グループ・カウンセリングと似た概念であるが，内部情報（認知，感情など）と外部情報（例えば，職業情報，アセスメント）の両方を個別化して処理する点が異なる。即ち，基

本的なカウンセリングスキルに加えてキャリア支援目的に合わせてグループ活動を推進するスキルが必要となる。本章では，グループ活動を推進するスキルを，インストラクションスキル（どんなエクササイズをどのように実施するか）と，ファシリテーションスキル（グループプロセスへの介入と振り返りの支援）に分けて説明する。

２．グループ・キャリア・カウンセリングスキルとは

(1) 年代別のアプローチ

キャリア支援は生涯に渡って必要であるため，グループ・キャリア・カウンセリングも様々な場面で活用されている。北米を中心にグループ・キャリア・カウンセリングの実践報告は，初等中等教育から就転職領域，企業領域と多岐に渡る。本節では，特にビジネス分野の事例として紹介されている３つの領域について，日本の労働市場に照らし合わせてどのようなキャリア支援に有効かを検討する。

① 新入社員向けのグループ・キャリア・カウンセリング

１つ目は，キャリアを計画するための支援が必要な新入社員向けのグループ・キャリア・カウンセリングである。特に多様なキャリアパスやキャリアの機会のある大手企業で有効であるという。

日本では，1970年代後半頃からキャリア研修と一体化した企業内キャリア・カウンセリングが少しずつ広がりを見せ，1990年代にはおおむね定着した。これは，一般的に「キャリア開発プログラム（CDP）」，「キャリア開発ワークショップ（CDW）」，「キャリア・カウンセリング（CC）」の３つが一体となったプログラムであるといわれている（労働政策研究報告書 No.171,2015）。CDPとは，1955年のフーバー委員会人事部会の勧告によって注目されるようになった制度で，各自のキャリアパスをあらかじめ本人と管理者の合意で計画的に定めていこうというものである（井原，2008）。㈱野村総合研究所「経営用語の基礎知識」では，CDPを「従業員の能力を長期的な計画に基づいて開

発するシステム・プログラム体系のこと」と定義し，従業員個々の能力開発を行う方法として２つのアプローチを示している。１つは企業側が従業員に対して施す能力開発であり，もう１つは従業員が自らの意思により能力を開発していくアプローチである。CDP が日本に紹介された 1980年代当時は，組織主導で取り組む色合いが強かったが，近年は後者へシフトするなど変化が見られる。

㈱NTTデータ経営研究所の経営研レポート（2011）「社会CDP制度の活用を阻む２つの限界と，変化に対応するポイント」では，グローバル化や不況に起因する急激な事業構造の変化，求める人材像（役割や価値観）の変化等により，既存の CDP制度では対応しきれなくなるケースが散見されることを指摘している。課題を克服し，劇的な環境変化の中で社員（個人）のキャリアに対するモチベーションを鼓舞し，企業自体も活性化していくために，変化に対応する社内CDP制度見直しのポイントとして以下３点を挙げている。

- 個人の自律的学習を加速させる CDP制度
- 組織・職場での相互研鑽・相互学習を誘発する CDP制度
- 会社の成長と社員の成長をより頑強かつ柔軟にリンクさせる CDP制度

しかしながら，本報告では，具体的な実施方法までは紹介されていない。若林（2006）の研究では，入社３年間の仕事をめぐる上司との対人関係，その間に確立した仕事上の実績が，入社13年目で測られた様々な組織内キャリア発達の結果に強く反映している。つまり入社３年までの要因によりその後のキャリア発達がかなり規定されるという。グループ・キャリア・カウンセリングを企業内の新入社員に実施することは有効と考えられる。

② 中年期キャリア危機に向けた支援

２つ目は，組織の中で上昇がとまり横ばい状態になり，しばしば燃え尽き症候群の問題を処理せざるを得ない職歴半ばのマネジャーやワーカー向けのグループ・キャリア・カウンセリングである。ピラミッド構造という企業階層により，多くの従業員のキャリアの機会は制限される。横異動のような他のオプションには，意欲を維持するための支援が必要である。転職率，常習的欠勤，生産性の低下等は，組織の業績にマイナスの影響を与え得る。中年期キャリア危機に向けた支援にグループ・キャリア・カウンセリングを通して取り組むこと

は有効と考えられる。

山本（2006）は，低い職位でのプラトー化の可能性に対しては，管理職は CDP（Career Development Program）などを利用して，部下のキャリア目標や昇進志向を把握する必要がある。また管理職は部下にプラトー化の傾向がみられる場合，その傾向がモチベーションの低下に結びつかないように，社内専門職として専門的能力を育成するように支援する必要があると指摘している。

③　退職などへの移行

退職への移行ではアイデンティティの問題や混乱が存在する。その混乱より大きな満足や成長をもたらす新たな選択肢に対するストレスを明らかにし，乗り越える支援が3つ目のグループ・キャリア・カウンセリングである。

日本の中高齢者の就業率は，諸外国と比較して高い水準にある。今後，労働力不足が深刻化すると予想される中，中高年齢者の活躍が期待される。中高年齢者のセカンドキャリアの支援に際して，早い段階からキャリア支援を実施する必要性が指摘されている。2012年に高齢者雇用促進法が改正されたことも踏まえ，今後本格的に取り組むべき領域と考えられる。

(2)　実施方法（内容志向―経験志向）

それでは，どのようにグループ・キャリア・カウンセリングプログラムを設計したらよいのか。Pyle & Hayden（2015）は，「内容志向的である程度」と，それに対し「経験志向的である程度」とを対極に配した軸で説明している。「内容志向的」とは参加者が必要としている知識やサービスを提供することで自立的な行動を促すことを志向したグループである。経験志向的とは，参加者の経験を振り返る事で新たな気づきを得，それに従った行動ができるようになることを志向したグループである。具体的な例として，職業探索グループ（Vocational Exploration Group: VEG）を「内容」の極に，ジョブクラブ（job club）を中間に，人生設計ワークショップ（Life Planning Workshop: LPF）を「プロセス（経験）」の極に置いている。

職業探索グループ（以下，VEG）では，「人は仕事についてたくさんのこと

第3章　グループ・キャリア・カウンセリングスキルとは

を知っているが，その知識は未整理で不正確であるか，あるいはステレオタイプの印象を含んでいる。また職業情報を様式化されたやり方で教えることによって職業の探索は行われていて，職業情報を受け取る個人の性格が考慮されていない。」と考え，グループ活動の目的は，グループメンバーが他の人の仕事に関する考えを受容することに置かれる。グループワークでは仕事に関連した概念を講義し，5つのフェーズで実施される。

① グループでの探求を促し，参加者が2つの次元で仕事の世界を理解するためのマトリックスを与える。
② 従事した事がある仕事の情報を共有し，職業情報を学ぶ。
③ 仕事の需要と仕事の満足度とを検討する。
④ 1つの仕事を選び，その仕事と似ている他の仕事を探索する。
⑤ 次のステップを計画する。

VEG のグループワークは，参加者の「仕事」に関する理解が深まり仕事に関する具体的な知識を得ることによって行動できるようになることから，「内容志向的」なグループといえる。

ジョブクラブは，3ヵ月程度，失業者のための個別支援を行う。失業の様々な段階（悲しみ，怒り，拒否，受け入れなど）を共有し，休職活動開始後は，履歴書作成，面接準備に関する教育を行う。グループワークで実施する内容がクライエントの状態と共に変化することから中間と考えられる。

人生設計ワークショップ（以下，LPW）は，職業選択よりも幅の広いライフスタイルに関する課題を考える。グループワークの目的は柔軟なキャリアプランの必要性に対する自己認識の形成である。メンバーは，演習が進むにつれて，コンサルタント，調査員，リーダーとして振る舞う。演習では，以下のような活動を実施する。

●ライフライン：メンバーは，彼らの生活の中で残された時間と未来はどのようにデザインし得るかを見直す。
●役割の確認と取り除き：メンバーは彼らの人生における重要な役割とそれらが去った時の感情を確認する（例えば，学生，配偶者，親等）。
●未来の一般的な日と特別な日：メンバーは未来がどんなふうになってほしいか想像する。

●人生の棚卸：メンバーはこれまでの悪かったこと，良かったことに焦点を当てて，人生を回顧する。

●ニュースリリース：メンバーは将来の一点を映し出し，人生の役割，達成したこと，喜び等を強調した自分のニュースリリースを書く。

●役割の再取得：メンバーは，現在や将来についての意思決定をし始める時に，過去の捨て去られた自分の役割を再び取り戻してみる，あるいは，他の役割をしてみる。

●目標設定：メンバーは，すぐに実行できる特定の行動・振る舞いや，自分のライフスタイルビジョンの達成に向かうような近い将来の特定の行動・振る舞いを設定する。

　LPW は，一般的な意思決定が難しいと感じている人，あるいは，キャリアプランにおける自分の力や影響力の範囲についてはっきりしない人に向くと説明されている。参加者はグループワークを通して，自身の内部や外部環境において生じている出来事のプロセスに気づき，行動できるようになることから「経験志向的」なグループといえる。

(3) 実施方法（講義型VSファシリテーション型（受容型））

　次にグループプロセスへの介入方法について考察する。Pyle & Hayden (2015) は，実施方法を「リーダーが，講義と一方向のコミュニケーションに頼っている程度（講義型）」と，それに対して「リーダーが双方向のコミュニケーションによって自己理解と洞察を促進している程度（ファシリテーション型）」を対極に配したものである。具体的な例として，Job Search Group (JSG) を「講義型」の極に，Career Concerns Group（CAG）キャリア関心グループを中間に，ACCESS Group を「ファシリテーション型」の極に置いている。

　Job Search Group（以下，JSG）の目的は，メンバーが，就職活動をするためにスキルを身に付け，手法を学ぶのを助けることである。このグループには，レジュメ準備，面接スキル，ネットワーキングなどのトピックが含まれる。リーダーは主に情報を提供し，グループメンバーを討議に参加させてもしなくて

もよい。大学のキャリアセンターや雇用機関は，中等教育のスクールカウンセラーとガイダンスオフィスとともに，このようなサービスを学生やクライエントに継続的に提供する。Web サイト等で確認すると JSG では「講義」が主な活動になっていることがわかる。

Career Concerns Group（以下，CAG）は，すべてのメンバーが経験している内在的なテーマまたは関心事で構成される。例えば，プラトー（職場に立ち往生している感覚），職場での差別の克服，仕事のストレスへの対処，デュアルキャリア（公私のキャリア形成プロセスが重なる時期）カップルであることを踏まえた仕事，自分の人生の意味を見つけようとすることなどである。CAG ではプラトーに関する「講義」と参加者の「受容」の両方が実施されている。

Advancing Career Counseling and Employment Support for Survivors（以下，ACCESS）：困難を切り抜けた人のための先進的なキャリア・カウンセリングと就労支援）はグループのキャリア・カウンセリング・モダリティを使用して，親しいパートナーの暴力から切り抜けた人を支援することを検討している。モダリティとは外界の事態に対する話し手の心的態度を表す。したがってモダリティ表現には，話し手が外界の事態に対峙する姿勢が密接な関わりをもつ。グループワークにおける介入では，プロセスを通じて，キャリアサーチに対する自己効力感，認識されたキャリアバリア，認識されたキャリアサポート，不安等に焦点を当てる。ACCESS では参加者の無意識の偏見（アンコンシャス・バイアス）に対する受容（インクルージョン）によって対話を促進している。余談であるが，筆者は，「ダイバーシティ＆インクルージョン」を「多様性と包括性」と訳していたが，本節を執筆する際に，インクルージョンを受容と訳している文献が散見された。包括的な支援に必要なのは，受容であることを改めて認識した。

Pyle & Hayden（2015）は，ユニークな集団のキャリア開発ニーズに効果的に対処するために，理論ベースのグループ・キャリア・カウンセリングを推奨している。またグループ・キャリア・カウンセリングに関する研究では，エクササイズとして，ナラティブやライフデザインといった社会構成主義手法を用いた効果も検証している。Di Fabio & Maree（2012）はライフデザインの概念をベースにしたグループ介入のサポートを提供することによって，このアプ

ローチが，キャリア意思決定の困難さを低減し，キャリア意思決定の自己効力感を高めることを確認している。変化の激しい社会環境の中で，従業員の自己認識獲得を支援するためには，内容志向，経験志向，講義型，受容型のグループワークを組み合わせて実施することが有効と考えられる。

3．組織内でのグループ・キャリア・カウンセリングの実施方法

　2節からも分かるように，グループ・キャリア・カウンセリングで利用できるグループ活動（エクササイズ）は多種多様である。それでは，グループ・キャリア・カウンセリングはどのように準備しらたよいか。Brown & Ryan Krane(2000) は，62件のキャリア介入事例を分析し，結果にプラスの影響を与える5つの介入として以下を挙げている。
　① 職場比較と将来の計画の機会
　② 将来の目標や達成に関連する活動を明示する機会
　③ 個別化された解釈とフィードバック
　④ カウンセラーまたはファシリテーターによるモデリングおよび自己開示
　⑤ クライエントのキャリア選択と計画のサポートを支援すること
　Pyle （1986）は，グループ・キャリア・カウンセリングを以下の5つのフェーズで実施することを推奨している（表3-3）。
　① 事前調査（マーケティング）
　② 参加者のレディネスの評価
　③ グループの設計
　④ コンテンツの設計
　⑤ 結果の評価
実施者は，グループ・キャリア・カウンセリングの目的に即し，かつ参加者のレディネスに応じてエクササイズや教材を用意する必要がある。

表3-3　グループ・キャリア・カウンセリングの実装方法（Pyle,1986 をもとに筆者作成）

① 事前調査 　グループ・キャリア・カウンセリングの実施者は，すべてのプログラムの局面で，な

ぜプログラムが提供され，参加者となり得る人たちにどのように辿り着くかを含め，ゴールを意識することが推奨されている。

［ステップ1］グループ・キャリア・カウンセリングに参加することで利益が得られると思われる，あなたの周囲にいる人のニーズに注目する。
［ステップ2］参加者になりうる人たちへグループ・キャリア・カウンセリングの機会があることを知らせるための接触方法を考える。
［ステップ3］ローカルメディアや印刷技術を活用し，個人に対してグループの機会や参加することでどんなことが期待できるかを認識してもらう。

② 参加者のレディネス調査
　キャリア選択を決断するための探究段階にいるクライエント対して適切な介入を実施するためにインテイクシステムを開発することが推奨されている。

［ステップ1］探究段階は，キャリアの方向性に対して全くアイディアがない人たち，または，あったとしても十分ではない人たちが多い。
［ステップ2］個人のパーソナリティや社会的状況への快適さのレベルについて配慮する。

③ グループの設計
　キャリア選択を決断するための探究段階にいるクライエントに対して適切な介入をするためのグループを設計する。

［ステップ1］学習の可能性を最大限引き出すため，管理可能なサイズのグループを作成する。
［ステップ2］グループの相互作用の深さを保証するため，少なくとも90分から2時間のセッションをスケジュールする。
［ステップ3］ほとんどの場合，セッションは数回に渡って開催する。またある種の宿題を可能にするためにセッション間に十分な時間をもつ。
［ステップ4］8人までの人が快適に座ることができる小さな部屋でグループセッションを行う。
［ステップ5］第1回会合では，フィードバックの期待と守秘義務の重要性とともに，経験のためのガイドラインを提供する。
［ステップ6］最後は，参加者が経験から得たものと，グループを越えた継続的な支援に対する希望を込めたまとめを行う。
［ステップ7］キャリアセンターやスポンサー機関にキャリアリソースが必要な場合は，グループセッションの最後に宿題を設定する。

④ コンテンツの設計
　コンテンツは4つの段階（出会い・探索・作業・実施）で設計し，4つの段階のそれぞれの目標を吟味し，その段階の目標を達成しかつ実施しやすい演習を見つける（表

3-4参照）。例えば出会いの段階（encounter stage）では，グループメンバーがリラックスし，お互いに快くなるような適切なアイスブレーキングが必要である。探索段階（exploration stage）では グループメンバーが自分たち独自のパーソナリティを深く探求し，参加者の価値観，興味，能力について洞察を得ることに焦点をあてる。作業段階（working stage）では，効果的でかつ参加者たちの正確な自己理解が得られるような情報源を探し，見つけ出すための演習や活動が必要となる。最後に実施段階（action stage）では，参加者たちが学んだことを統合し，それを適切な次の段階の行動へと展開する。

⑤　結果の評価

　何についても説明責任が重視される昨今では，カウンセリングにおいてもキャリア支援においても，介入の効果を示す様々なデータを得ることを考慮しなければならない。参加者からデータを集めることによって公式，非公式の結果データを集めることによって，その後のグループ実施を改善し，同じようにリーダーをする人たちや管理者たちに介入の効果についての洞察を与えたことが可能になる。筆者は，結果の評価は，介入を構成する主たる理論が何であれ，重要であると考える。

　筆者は，組織内でグループ・キャリア・カウンセリングを実施する場合，インストラクショナルデザイン（以下，ID）手法を用いている。IDとは，教育活動の効果・効率・魅力を高めるための手法を集大成したモデルや研究分野，またはそれらを応用して学習支援環境を実現するプロセスを指す。IDの伝統的なプロセスにはADDIEと呼ばれる分析（Analysis），設計（Design），開発（Development），実施（Implementation），評価（Evaluation）の5つの段階がある。ADDIEという名称は各フェーズの頭文字を取ったものである（図3-1）。筆者は，グループ・キャリア・カウンセリングの実装時は，ADDIEモデルを用いている。分析フェーズでは，グループ・キャリア・カウンセリングを実施する目標を明確化し，設計フェーズでは目標に即してグループワークが適している部分，講義が適している部分を判断する。他にもグループワークの実施規模や，講義とグループワークを実施する順番を決定する。

　開発フェーズでは，設計段階で設定した目標を細分化し，各目標に沿った講義教材や，グループワークで用いるワークシートを開発する。実施フェーズは，参加者が実際に参加する場面になる。これまで実施フェーズは，ロジャースのパーソナリティの変化における7つの段階等を参考に実施している。評価フェーズでは，評価の対象を学習に関する事項とコース運営に関する事項に大別し

ている。本節では，Pyle（1986）およびPyle & Hayden（2015）を基に4段階の実施方法を紹介する。評価フェーズでは，評価の対象を学習に関する事項とコース運営に関する事項に大別している。表3-4は，Pyle（1986）の実施4段階（出会い・探索・作業・実施）の，感情面と認知面の目標をまとめたものである。

4．グループ・キャリア・カウンセリング事例

　平成26年度「キャリア・コンサルティング研究会－企業経営からみたキャリア・コンサルティングの意義や効果に関する好事例収集に係る調査研究－」では，企業における人材に関する経営課題を(1)若手・中堅社員を主な対象としたキャリア開発（CDP），(2)ベテラン社員，女性社員などが抱えるキャリアに関する個別課題の解決に分類している。いずれも殆どの企業で課題になっていることであるが，2つの課題の優先度合いによって取り組み方法に違いがあるとし，前者が社内でのキャリアを前提とした，外的キャリア（評価・昇格・育成等）の支援が重要になるのに対して，後者は個別社員の課題解決において内的キャリアの支援が相対的に重要になると指摘している。内的キャリアには，①達成の誇り，②内発的な職務満足，③自尊心（self-worth），④仕事の役割や制度へのコミットメント（積極的なかかわり），⑤充実をもたらす関係（それ自体に価値・意味のある関係），⑥道徳的満足感，が含まれる。(2)を支援・啓発するにあたっては，キャリア・カウンセリングが重要になる。
　境（2011）は，経済的付加価値の創出基盤が技術や生産などのモノから知識や情報などのチエへと移行する知識経済化のものでは，固定的な職業概念は崩

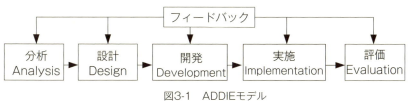

図3-1　ADDIEモデル

壊し，キャリアの主観的側面がますます重要になると指摘している。筆者の自己認識を獲得する支援の重要性が高まるという考えと一致するものである。

　本章では，変化の激しい社会の中で自己認識を獲得する支援として他者との相互作用の必要性を指摘してきた。境（2011）は，同じ相互作用といっても，心理学的研究と社会心理学的研究，社会学的研究では考え方が異なると指摘している。心理学的研究では外的キャリアと内的キャリアとの相互作用はあくまで人の心の内面で生じるものと考え，社会学的研究では相互作用は社会的役割の制度と行動という外部で生じると考える。一方，クルンボルツに代表される社会心理学的研究では，過去から現在までの学習体験が外的キャリアでありそれらの学習体験への認知的・情緒的反応が内的キャリアで，学習体験への心理的反応という自らの目的に抵抗するよう環境を統制しようとして内的キャリアが発達すると考える。

　またMahony（1995 根建・菅村・勝倉監訳 2008）は，「構成主義の観点からすると，認識とは進化的なプロセスであり，そこでは能動的で，大部分は暗黙的な自己組織化プロセスが広範囲にわたって作用している」と説明している。自己組織化（self-organization）は，ダイナミックシステム埋論では「システムが自律的に秩序を保つ構造を生み出す現象」と捉える。成人発達理論では，自己組織化をマクロな発達プロセスである「統合化（intercoordination）」と，ミクロな発達プロセスである発達段階内での複数の能力形成即ち「複合化（compounding）」と捉える。

　筆者は，企業におけるグループ・キャリア・カウンセリングでは，職場での学習体験をリソースとして活用するキャリア支援，もしくは「複合化」と「統合化」を意図した支援が重要になると考える。本節では，外部環境の変化にいち早く対応して，こうした支援を実現している実践事例を紹介する。1つ目は，カルビー㈱のダイバーシティ推進の事例，2つ目は，サノフィ㈱のキャリア相談室で実施している事例である。後者については，実務を担当されたキャリアコンサルタントである村尾光英氏より，第3節で紹介した5つのフェーズを踏まえた内容にて寄稿頂いた。

第3章　グループ・キャリア・カウンセリングスキルとは

表3-4　実施段階と目標例（Pyle,1986 をもとに筆者作成）

段階	ステージの説明	目標	
1段階 出会い	この段階は，グループメンバーが少し気後れしている。リーダーは，これから行うグループワークの目標と原理と技法を提示する。リーダーは参加することの大切さと，お互いに学び合う機会であることを強調しながらグループの規範を作っていく。	感情面	グループメンバーがリラックスする。 自分に自信を持って，グループのリーダーシップを信頼する。
		認知面	グループ目標を知る。 メンバー各々の名前を知る。 グループワークがいつどこで実施されるか知る。 グループメンバーにはいろいろな考えがあることを知る。
2段階 探索	この段階では，グループメンバーの気後れが少し薄れる。 リーダーは，メンバーの自己開示を促すとともに，参加してこないメンバーへの対応を考える。	感情面	お互いのことを聴ける。 より高いレベルでリラックスする。
		認知面	自己の探索と仕事の探索をする。 メンバーのパーソナリティを知る。 キャリアの選択をどのようにしていくのかを知る。 キャリア選択時に心理的バリアが影響することを知る。 自分のパーソナリティ（価値観，興味，能力）を知る。 価値観，興味，能力を知る。 特定のキャリアが自己理解についてどのように結びついているのかを知る。
3段階 作業	この段階では，グループメンバーが自信たっぷりに問題をグループに持ち込めるようになる。 ホームワーク等をとおして洞察力が増している。	感情面	グループメンバーがお互いに受け入れやすくなる。 適切な態度でフィードバックできる。 フィードバックを受けた際に，受け入れやすくなる。 変化していくことに対して準備ができるようになる。 リーダーに頼るだけでなく，お互いに助け合えるようになる。
		認知面	将来の可能性が広がる。 タスクや給料，職場で働く人に関する情報を知る。 キャリアに関する意思決定の際，どのステージにいるのかを知る。 意思決定に傾向，好みがあることを知る。 キャリアに関する意思決定に必要な情報源にどのようなものがあるかわかる。
4段階 実行	この段階では，メンバーが自分の興味を言語化するようになる。 リーダーは，次のステップを達成することの重要性を強調し，それぞれの経験を評価する機会を提供する。	感情面	将来の可能性を確信し，今後の活動に向けてエネルギーがみなぎる。 状況や条件が変化しても，生活の中で使用できるキャリア意思決定プロセスについて洞察できる。
		認知面	自分自身やキャリアに関する多くの情報をわかりやすい単位に分解し，管理することができる。 （どのように学習するのかを学ぶことを通して）何が意味されているのか，習得したスキルを自分の将来にどのように適用できるかを推察できる。

83

(1) カルビー（株）ダイバーシティ推進の事例（新谷英子氏の実践）

イ）研修の目的

カルビー（株）では，2010年よりダイバーシティ推進に取り組んでいる。女性のキャリア研修の必要性を認識し，2011年からダイバーシティ委員会で女性向けのキャリア研修を開催した。女性がキャリアについて考える機会として有効であったことから，当時，ダイバーシティ委員会に所属していた新谷氏が所属事業本部（以下，A事業本部）で女性向けのキャリア研修を実施した。2011年からのキャリア研修の展開をまとめたものが表3-5である。

新谷氏は，2014年から社会構成主義キャリア・カウンセリング手法の研究会で活動しており，社会構成主義キャリア・カウンセリング手法の実践研究を行っている。本研究では，新谷氏の社会構成主キャリア・カウンセリング研修の導入方法と実施結果をもとに，変化に対応するキャリア支援方法について考察する。

ロ）研修の概要

2011年から2012年の女性向けのキャリア研修では，女性の意欲が高まるものの，職場との温度差により社内でキャリアを実現するのが困難であると認識する女性が散見された。企業の中で女性がキャリアを実現するためには，部下である女性が上司とキャリアを共有する機会が必要と考え，新谷氏は上司と部下のキャリア面談のしくみを導入している。A事業本部でのキャリア面談の対象は営業部門，スタッフ部門，製造部門の正社員（製造は1チームの人数が多いため班長以上）であり，年に1度実施した。面談時の上司は，部門によって異なる。営業部門とスタッフ部門は課長が担い，製造部門は課長と主任が担った。2013年度，2014年度はキャリア面談の前に上司向けのキャリア研修として1日の外部研修を実施している。

ハ）2014年に実施したフィードバック研修の概要

2013年に実施した面談後のアンケートから，上司の面談スキルにバラツキが

あることが確認された。このため，2014年からは，上司の面談スキル向上を目的として面談終了後にフィードバック研修を内製化して，ロジャーズ型の傾聴研修を実施した。

二）2015年に実施したフィードバック研修の概要

2014年のフィードバック研修実施後のアンケートから，「アドバイスができなくて困る場合がある」といったコメントが散見された。これらのコメントは，上司は部下に指導する立場であるという認識に起因すると考えられる。個人の自律的学習を導き，組織・職場での相互研鑽・相互学習を誘発するキャリア支援環境を構築するためには，如何にアドバイスするかではなく，如何に本人の自律を引き出すかが重要である。そこで，テストケースとして1つの営業支店を選び，上司に対するフィードバック研修に，社会構成主義キャリア・カウンセリング手法を導入した。研修対象者は，支店長1名，営業所長6名である。テストケースとして実施したフィードバック研修におけるキャリア研修の概要を表3-6 に示す。最初に，振り返りから学ぶことが大切というコルブの経験学習理論について解説を行い，次に，キャリア面談実施に関するアンケート（部下／上司）についてフィードバックを行う。さらに自分自身の面談スキルを振り返る方法として，社会構成主義キャリア・カウンセリング手法を紹介し，キャリア講座として社会構成主義キャリア・カウンセリングを実施した。実際に社会構成主義キャリア・カウンセリングを体験することで，上司の面談スキルの幅を広げることも目標とした。講座で用いたワークシートを図3-2 に示す。

ホ）実施結果

キャリア講座のペアワークでは，カウンセラー側に，クライアントに対して積極的な関わりをして，質問をして相手の考えを引き出そうとする場面が多数見られた。本講座実施後のコメントとして，改めて自分の面談を振り返る機会となった，数値化することで自分の状況がわかった，指導することではなく，一緒にキャリアを考えることが大切ということが分かった，などのコメントがあった。今までの「傾聴」研修にはない，「ともにキャリアをつくる」という視点を学習し，社会構成主義キャリア・カウンセリング手法に基づくワークシ

ートを活用する有効性が確認された。

表3-5　A事業本部におけるキャリア研修の展開

年度	活動	気づき
2011年度 2012年度	ダイバーシティ委員会で女性向けキャリア研修を実施	個人で考えるだけでは企業の中でキャリア実現が難しい場合がある
2012年度	A事業本部で女性向けキャリア研修を実施（横展開）	
2013年度	A事業本部で上司向けキャリア研修を実施／上司と部下のキャリア面談を開始／アンケートの取得	面談スキルのバラツキがある
2014年度	A事業本部で上司向けキャリア研修を実施／キャリア面談を実施／フィードバックWSで傾聴研修を実施	1度の傾聴研修だけでは傾聴的関わりが難しい
2015年度	A事業本部でキャリア面談を実施／フィードバックのWSで社会構成主義キャリア研修を実施	

表3-6　2015年に実施したキャリア講座

Step1：個人	個人で自分の面談について振り返り，ワークシート（図3-2）を記入
Step2：ペア	ペアになり，ワークシートを用いながら，カウンセラー役とクライアント役に分かれてキャリア・カウンセリングを実施
Step3：ペア	ペアを交代し，キャリア・カウンセリングを実施
Step4：全体	全体で振り返り（気づきを共有）

第3章 グループ・キャリア・カウンセリングスキルとは

図3-2 キャリア面談振り返りのワークシート

(2) 村尾光英氏による実践報告

以下は，村尾氏に2011年からの実践をレポートして頂いたものである。

イ) 研修の目的

実施している研修には2つの目的がある。1つ目は，自己理解を促進し気づきを与えることで受講前よりも深く自分のキャリアを考えるようにさせることである。研修は，グループ・キャリア・カウンセリング方式で実施しており，受講者によっては，研修後に個別のキャリア・カウンセリングを実施する場合もある。2つ目は，社員とキャリアコンサルタント（筆者）との距離を縮めることである。研修を実施することで，このキャリアコンサルタントになら

相談しても良いと思ってもらうというねらいもある。企業内のキャリアコンサルタントは，人事部，人事部経験者，各部門の管理職経験者などの社員であって，人間的にバランスが取れていて多くの社員から信頼されていると思われる人物が任命される傾向がある。キャリアコンサルタントが社員であることのメリットは大きいが，社内事情に通じているため，ある種の偏向，また人事部などに自分の相談内容が漏れないかという不安や懸念を相談者に与えるという課題がある。サノフィ㈱では，キャリアコンサルタントを会社とは独立した立場として位置づけおり，外部のキャリアコンサルタントと業務委託契約結んでいる。このため，キャリア・カウンセリングの守秘に対する不安や懸念は軽減されるが，研修内容が良くなければ，利用してもらえない。研修を実施して一人でも多くの社員に利用して頂きたいと期待している。筆者はサノフィ㈱の社員であったが，現在は外部のキャリアコンサルタントとして業務委託契約を結んでいる。

　社員に自らのキャリア開発・形成に対する意識をもたせ，主体的にキャリアを開発し，将来に向けた自身のキャリア形成に意欲的に取り組む自律型人材を育成するためには環境づくりが大切である。サノフィ㈱では，研修と個別カウンセリングを両軸に，キャリア・カウンセリングに対する心理的な障壁を下げると共に，キャリア形成に対する意欲を持った社員を１人でも増やしたいと考えている。

ロ）組織内の位置づけ（進化し続けている？）
　キャリア相談室は2011年に人事部の人事施策（社員のキャリア形成支援）を補完する目的で，相談員１名でスタートした。設立の目的は個人のキャリアに関する考えがより多様化してきていることから，“社員一人ひとりの価値観やニーズに添った個別支援”ができることである。敢えて社内にキャリア相談室を設けたのは，社員一人ひとりが活き活きと自分らしさを発揮してキャリア形成できることが，組織の活性化と生産性向上につながるという意図がある。初代相談員はマーケティング部や開発部で管理職を務めた元社員で，会社から指示されることなく純粋に社員のキャリア形成支援に関われることを相談員を引き受ける条件とした。つまり，キャリアカウンセラーは退職勧奨などに

は一切関わることなく，キャリア相談も会社命令ではなく原則任意のキャリア相談という形態を貫けるなら，また，会社報告も相談件数のみとし，守秘義務を遵守できる体制のもとならば引き受けるというものであった。もちろん会社の人材育成施策として，全社的な組織強化とのベクトル合わせのもと，課題別研修参加者のフォローカウンセリングの実施やキャリア面談から示唆される課題を社内研修プログラムへの反映など人事施策を補完する機能を担うものである。一般的に，社員であるキャリアコンサルタントは，会社の現状とクライエントとの間で“板挟み”や“葛藤”を感じる。サノフィ㈱のキャリア相談室は会社から独立した組織であるが，会社の協力も得やすく，この位置づけがその後の活動に及ぼす影響は極めて大きいと言える。

　立ち上げ時の相談員は2011〜2015年まで従事し，キャリア相談室の認知向上と相談件数の向上に貢献した。具体的には，新卒研修や新任マネジャー研修，タレントマネジメントの一環など，人事施策と連動したカウンセリングで間口を広げていった。本社においては開発部出身であることや厚い人望が追い風になり，認知も上がり相談件数も順調に増えていった。課題の1つは，相談員が接点のなかった最前線の営業組織の認知であった。もう1つは，人材育成施策に絡んだグループへのアプローチは可能であったが，与えられる時間は短くキャリア相談室の十分な啓蒙につながっていないことであった。2015年5月に営業出身の相談員（筆者）との2名体制になった。私の役割は，徐々に営業組織への露出を増やし，営業部の相談件数を上昇させることであった。本社に通じた前任者と営業組織に通じた私の2名体制となったことで相乗効果が生まれ，2013年の相談件数47件から，2015年は94件，2016年は132件と大きく上昇させることができた。2016年の約50%が営業組織からの相談でありねらい通りの結果であった。営業部門の相談件数が増えた理由は，キャリア相談を本社で行うのは心理的，時間的，金銭的なハードルが高いため，相談員が現地に赴き相談を受けるようにしたこと，また，面談申し込みがあった際，その前後の日程で周辺地域の営業担当者全員に案内メールを配信することで「相談員が近くに来るのなら……」と心理的なハードルが下がり潜在的な面談希望者からの申し込みにつながったことである。残念ながら前任者は2015年末で職を辞され，2016年から新たに営業出身で本社経験もある相談員が加わったがその方も

2017年末で職を辞した。そして，2018年からは新たに外部から女性のカウンセラーを採用することで，相談員のジェンダーバランスをとり，これまでミートしなかったニーズにも応えられる体制に改革することに決まった。キャリア相談室は見かけ上発足当時の位置づけと変わりはないが，その活動内容は著しく変化し進化している。特に2017年の研修実施回数は50回に上り，週に一回は何かしらのセミナーやワークショップを開催したことになる。この経験は，キャリアセミナーや自己理解（他社理解）のワークショップが個人的なキャリア相談に匹敵する効果がある事や個別キャリア相談に移行するきっかけになると確信できた。

　ハ）参加者（どうやって聞きつけて参加するのか？）
　個別キャリア相談の申し込みは，イントラネットのキャリア相談室のHPから申し込むが，セミナーや自己理解，チームビルディングのプログラムについても原則任意で同様の申し込み方法を取っている。申し込み方法についてまだまだ認知されておらず，より周知を図ることでさらに研修依頼は増えると思われる。実施可能なプログラムの種類，所要時間，お勧め度，目的・ねらい，どんなニーズに応えられるかなどを一覧表にしてイントラのHPに掲載している。さらに，不定期ではあるが「キャリア相談室からの手紙」というメルマガを全社員に配信しており，そこには研修の紹介や受講者アンケートからの抜粋などを載せ認知向上を図っている。また，各部署でプログラムを実施するうえで，リーダーがキャリア開発の必要性について意識が低く，部下の研修実施の抵抗要因になっていることがある。そういう組織に対しては，マネジメントに働きかけその必要性を理解して頂き，リーダーに対するプログラムの実施を試みる場合もある。一般社員のキャリア開発の妨げになっている場合は積極的な働きかけもやむを得ない。その他，人事施策の研修のキャリアパートなどを受け持ち，セミナーやワークショップを行っている。

　ニ）これまでの成果
　2017年には，数人の本部長から自組織でのキャリア開発プログラムの実施依頼があり，大人数かつ十分な時間をかけてのアプローチが可能となった。半日，

第3章　グループ・キャリア・カウンセリングスキルとは

１日，または，シリーズでの実施など様々であるが，明らかにキャリア相談室の利用方法に変化がみられた。組織長からの依頼に基づき研修を実施する手順は，まず組織のニーズを詳細に聞き取り，研修を提案し，それをもとに組織長と一緒にエクササイズをデザインしていく。そうすることでより効果的なアプローチを可能にしている。まれに，ねらいや期待を裏切られるケースもあるが，実施後すぐに依頼者である組織長と研修内容を振り返り，どこがどう悪かったのか分析し，ただでは転ばず次の一手をすぐに検討するようにしている。リカバーするための研修をすぐに検討できることも内製化のメリットである。効果を判定する主な手段は，実施後のアンケート分析と実施中の社員の様子や発言内容から判断している。次に，研修の内容について紹介する。

　ホ）プログラムの概要（Aパターン，Bパターン，Cパターン）

　プログラムは，参加者，参加者のニーズ，組織長のニーズに合わせて，都度デザインするが，どのプログラムを実施する際にも導入は「キャリアの概念」について目線合わせに決めている。キャリアと聞いてどのようなことを想起するかは人それぞれである。

　我々は，職業・職務・有給での組織での仕事などに限定せず，ボランティアワーク・ライフワーク・家庭内での仕事・地域活動・趣味活動など幅広く含めた概念であり，言い換えると「キャリアとは人生そのもの」であると伝えている。また，時間が許せば転機（節目）についてシュロスバーグの理論をもとに解説している。その上でプログラムをデザインしている。

　汎用する代表的な３つのパターンを紹介する。

（Aパターン）

　"個々のキャリアについて考える"ことは最も多いニーズであるが，同時に"組織（部署）が求める人材"について正しく認識し，個々の認識とのギャップを明確にした上でキャリアを考えてほしいという組織長からの依頼が増えてきている。求められている人材を環境変化も踏まえて高いレベルで認識し，今自分はどんな状況にあるのか現実吟味した後に，仕事をするうえで最も大事で捨てたくない自己イメージは何なのか，自分をポジティブに動機づけるものは

91

何なのかについて理解を深め，自分はどうなりたいかをベースに置き，自分が考える理想の組織に近づけるにはどのような取り組みをしていくかという行動に落とし込んでいく。そして，2〜3ヶ月後にフォローアップの時間をもつ。

　プログラム構成は次のようになる。

　「キャリアの概念」の目線合わせ（小講義）⇒キャリアサバイバル（ワーク＋小講義）⇒キャリアアンカーの決定（ワーク＋小講議）⇒ポジティブコアの探索（ワーク＋小講義）⇒自組織の最高の未来像⇒そのための取り組み（ワールドカフェ）⇒自分が取り組みたいテーマの決定⇒行動計画⇒フォローアップとなる。このプログラムは，与えられた時間によって，事前課題の量を変えることで調整している。例えば，フォローアップを除いて，1日（8時間）で実施するには事前課題として，①ライフラインチャート，②キャリア志向質問票，③職務の棚卸，④ステークホルダーの洗い出しを課することになる。準備に要する時間は3時間余りであり，参加者はワークショップ参加にコミットすることが必要である。コミットを得るには企画者の思いや意図がしっかり伝わっていることが成功のカギである。もう1つのコツは，小講義を必要最小限の時間ではさみこみ，適切に情報を与えることで，気づきや理解を効果的に促せることである。このプログラムはタフであり，参加者に許容する力がないと判断できる場合は，相手に合わせて割愛するパートを決め緩めに組みなおすことを恐れてはならない。

（Bパターン）

　これはキャリアについてじっくり考えていくプログラムである。原則2時間／回，3回シリーズで行うプログラムのため，一日で実施することも可能だが参加者は疲れると思うので分割したい。まず，座学でキャリア理論を理解する。スーパー，シュロスバーグ，シャイン，クルンボルツの理論をたっぷり2時間かけて理解するが，その際，私自身か許可を得られた参加者のライフラインチャートを用いて，学んだキャリア論を具体的事例にあてはめることでキャリア論がスムースに理解されるよう工夫している。次に自他理解のワークを実施し，その後「自分だけのワクワクを見つけよう」と題したビジョンマップの作成を行う。自他理解には，「金の糸」を実施することが多いが，キャリアアンカー

第3章　グループ・キャリア・カウンセリングスキルとは

でも構わない。Bパターンの最大の特徴は，ビジョンマップであり，普段は左脳を使って仕事をすることが多いビジネスパーソンに，右脳を存分に働かせてもらい，コラージュを作成することで，自分でも思いもしなかった「なりたい自分」が発見できるかもしれない。楽しんでキャリアを考えられるワークの流れになっている。コラージュ作成直前に右脳を使う準備状態にしておくことと左脳を働かせる時間的余裕を与えないことがコツである。

（Cパターン）
　自他理解が促されその結果グループとして成長することをねらったチームビルディングを目的としたプログラムである。筆者が組織開発に興味をもった原点のワークショップであり，2時間という短時間でできる非常に有用なプログラムである。正式にはラボラトリー方式の体験学習と呼ばれており，グループプロセスに着目することで，自分や仲間の良いところに気づくワークになっている。ある課題を解決する中で起こるプロセス――人と人とのかかわりの中で起こったこと――を題材にじっくりリフレクションし，気づいたことや感じたことをフィードバックしあうことで，これまで意識していなかった自分に気づいたり，改めて仲間の良いところがわかったりする。ジョハリの窓でいうところの「解放の領域」が広くなった状態を創り上げる。これを平素の仕事でも繰り返し実践していくことでグループの成長を促すことがねらいである。これに

ビジョンマップの作成例

93

より人間関係も良い方向に向き，ひいては個々人が充実したキャリアを描き実現することに貢献できる。

　プログラムは，ニーズに応じたワークの組み合わせでデザインしており，まだまだいろいろなパターンがある。例えば，簡単にダイバーシティを感じ取れるアドラーのライフスタイル診断などは60分あれば十分な気づきを得ることができ，時間のない時やプロジェクトメンバーが最初に集まった時など自己紹介の代わりに活用できる上，チームビルディングにもつながる。

　ヘ）ファシリテーションのコツ
　筆者が考えるファシリテーションのコツを箇条書きする。
① 参加者にプログラムへのコミットを得る。依頼者との詳細な打ち合わせが鍵。
② 参加者のニーズを把握し，ニーズに合ったプログラムを提供する。
③ ワークを詰め込み過ぎない。参加者のコミット度や能力を見極め余裕のあるプログラムをデザインする。
④ 実施時間に応じた適切な事前課題。人生グラフやステークホルダー分析は事前に実施したほうが有効である。
⑤ 見やすく使いやすい資料作成。
⑥ インタラクティブなコミュニケーションを心掛ける。
⑦ 時間管理に意識が行き過ぎることに注意する。せっかくの内省状態をぶち壊すことのないようフレキシブルな対応が求められる。
⑧ 実施中にプログラム内容を変更することを恐れない。
⑨ 休憩は必ず挟む。
⑩ 予定時間より5〜10分早めに終了する。

5．まとめ

　本章では，第1節で文献を基に，キャリア支援に用いられるグループ・キャリア・カウンセリングがどのようなものかを紹介し，第2節ではグループの使

用方法，第3節でグループ・キャリア・カウンセリング実施方法を紹介してきた。第4節の2つの事例で紹介した研修は，いずれも変化の激しい社会の中で，従業員の自己認識を獲得するグループ・キャリア・カウンセリングとして高い効果が認められる。それでは，どのようにしたら事例で紹介したようなグループ・キャリア・カウンセリングを実施できるようになるのであろうか。野島（2011）が指摘する通り，グループ臨床家を育てるということはいろいろな意味で難しい。教育の現場では，「ファシリテーション」といっても形ばかりで，「対話」が促進されていないグループワークが散見される。

　現状を踏まえ筆者は，キャリアコンサルタントにグループ・キャリア・カウンセリングスキル習得させるための有効なアプローチが2つあると感じている。その1つは「スーパービジョン」を受けることである。カウンセリングなどでは，当事者にはわからなかった点を気づかせたり，当人の見方を超えた洞察を与えたりすることをスーパービジョンという。スーパービジョンの形態は，個人スーパービジョンとグループスーパービジョンに分けられる。個人スーパービジョンとは，スーパーバイザーとスーパーバイジーが1対1で行う場合をいう。グループスーパービジョンでは，スーパーバイザー1人に対して，スーパーバイジー数人で行う。グループスーパービジョンは，典型的なグループ・キャリア・カウンセリングの一形態といえる。社会的学習理論では，他の人の行動を観察し，意識的に模倣（モデリング）という。

　もう1つは，キャリアコンサルタントが学び合える場を作ることである。グループ・キャリア・カウンセリングは，1対1のカウンセリングと異なり，個人のみならずグループ（組織）の変容を見立てる必要がある。ソーシャルスキルのトレーニングでは，現在もっている対人スキルを段階的に引き上げていく「ボトムアップ」型の学習と，コミュニケーション技術が高い指導者の手本を真似して学習する「モデリング」型の学習，実際のコミュニケーション場面を想定して役割演技や模擬練習を行う「ロールプレイ」型がある。キャリアコンサルタント向けにロールプレイ型のグループワークを実施することによって，グループ・キャリア・カウンセリングスキルを養成できると考える。ソーシャルスキルトレーニングでは，学習行動後に練習課題を出し，トレーニングの内容に対して肯定的な評価や共感的な支持を与える「フィードバック」の重要性

が指摘されている。できれば，参加者同志でスーパービジョンを実施するなどして振り返りの機会をもつのが有効と考える。筆者も，来たる社会を見据えて，キャリアコンサルタント向けに学習の場を提供していきたいと考えている。

【引用・参考文献】

新目真紀・新谷英子（2016）．キャリア面談における上司の面談スキル向上を目的とした研修に関する考察　人材育成学会第14回年次大会論文集, 13-18.

Barclay, S. R., & Stoltz, K. B. (2016). The Life Design Group: A case study vignette in career construction counseling. *Journal of Student Affairs Research & Practice*, *53*(1), 78-89.

Brown, S.D., & Ryan Krane, N.E. (2000). Four (or five) sessions and a cloud of dust: Old assumptions and new observations about career counseling. In S.D. Brown & R.W. Lent (Eds.),*Handbook of Counseling Psychology* (3rd ed., pp. 740-766). New York: Wiley.

中央教育審議会（2016）．幼稚園、小学校、中学校、高等学校及び特別支援学校の学習指導要領等の改善及び必要な方策等について（答申）（中教審第197号 ）Retrieved from http://www.mext.go.jp/b_menu/shingi/chukyo/chukyo0/toushin/__icsFiles/afieldfile/2017/01/10/1380902_0.pdf（2018年5月22日）

Di Fabioa, A., & Mareeb, J. G. (2012). Group-based Life Design Counseling in an Italian context. *Journal of Vocational Behavior, 80*, 100-107.

独立行政法人労働政策研究・研修機関（2015）．企業内キャリア・コンサルティングとその日本的特質——自由記述調査およびインタビュー調査結果——　労働政策研究報告書 No.171

Goldman(1992). Qualitative Assessment: An Approach for Counselor.*Journal of Counseling & Development, 70*, 616-621.

Gratton, L. & Scott, A.（2016）. *The 100-Year Life*. London: Bloomsbury Information.（グラットン, L. スコット, A. 池村千秋（訳）（2016）．LIFE SHIFT（ライフ・シフト）　東洋経済新報社

花田光世（2006）．個の自律と人材開発戦略の変化——ES と EAP を統合する支援・啓発パラダイム(特集雇用改善の明暗)——　日本労働研究雑誌, 48(12), 53-65.

井原久光（2008）．テキスト経営学［第3版］——基礎から最新の理論まで——　ミネルヴァ書房

榧野潤（2016）．生活保護受給者の就労支援の研究1——自己制御理論に基づく求職活動支援の研究からの考察——　独立行政法人 労働政策研究・研修機構　ディスカッションペーパー DP16-05

厚生労働省（2015）．平成26年度「キャリア・コンサルティング研究会－企業経営からみたキャリア・コンサルティングの意義や効果に関する好事例収集に係る調査研究」Retrieved from http://www.mhlw.go.jp/file/04-Houdouhappyou-11805001-Shokugyounouryokukaihatsukyoku-Carrierkeiseishienshitsu/0000079604.pdf（2018年6月27日）

厚生労働省．キャリア・コンサルティング実施のために必要な能力体系　Retrieved from http://www.mhlw.go.jp/bunya/nouryoku/kyarikon/dl/04_youken.pdf（2018年5月22日）

Mahoney, M. J.（1995）．*Cognitive and constructive psychotherapies: theory, research, and practice*. New York: Springer.

（マホーニー, M. J. 根建金男・菅村玄二・勝倉りえこ（訳）（2008）．認知行動療法と構成主義心理療法――理論・研究そして実践――　金剛出版）

松尾重義（2011）．社会CDP制度の活用を阻む2つの限界と、変化に対応するポイントとは　株式会社NTTデータ経営研究所　Retrieved from https://www.keieiken.co.jp/monthly/2011/0328/index.html（2018年5月24日）

McMahon, M., & Patton, W. (2006). CAREER CONSELLING: Constructivist Approaches. Abingdon-on-Thames: Routledge.

文部科学省（2015）．平成26年度文部科学白書　特集3　未来に向かう教育再生の歩み Retrieved from http://www.mext.go.jp/b_menu/hakusho/html/hpab201501/detail/1361501.htm（2018年5月22日）

文部科学省（2016）．高大接続システム改革会議「最終報告」　高大接続システム改革会議　Retrieved from http://www.mext.go.jp/component/b_menu/shingi/toushin/__icsFiles/afieldfile/2016/06/02/1369232_01_2.pdf（2018年5月22日）

野島一彦（監）（2011）．グループ臨床家を育てる――ファシリテーションを学ぶシステム・活かすプロセス――　創元社

野島一彦（編）（1999）．現代のエスプリNo.385――グループ・アプローチ――　至文堂

野村総合研究所．CDP　経営用語の基礎知識Retrieved from https://www.nri.com/jp/opinion/m_word/personnel/cdp.html（2018年5月24日）

Pyle, K. R.（1986）．Group Career Counseling: Principles and Practices. Retrieved from https://eric.ed.gov/?id=ED277937（May 24, 2018.）

Pyle and Seth C.W. Hayden.Group (2015) ．Career Counseling: Practices and Principles, 2nd edition.

Reiser, R. A., & Dempsey, J. V.（2011）．*Issues in Instructional Design and Technology* (3th ed.). London: Pearson.

（リーサー, R. A. デンプシー, J. V.（編）鈴木克明・合田美子（監訳）半田純子・根本淳子・沖潮満里子・椿本弥生・寺田佳子・渡邊雄貴・山田政寛（訳）（2013）. インストラクショナルデザインとテクノロジ——教える技術の動向と課題—— 北大路書房）

境忠宏（2011）. キャリア研究の発展とキャリア教育の今後の課題 国際経営・文化研究, *16*(1), 13-26.

Schein, E. H.（1978）. *Career Dynamics: Matching Individual and Organizational Need*. Boston：Addison-Wesley.

（シャイン, E. H. 二村敏子・三善勝代（訳）（1991）. キャリア・ダイナミクス——キャリアとは、生涯を通しての人間の生き方・表現である。—— 白桃書房）

Schein, E. H.（1998）. *Process Consultation Revisited: Building the Helping Relationship*. New Jersey: FT Press.

（シャイン, E. H. 稲葉元吉・尾川丈一（訳）(2012). プロセス・コンサルテーション——援助関係を築くこと—— 白桃書房）

白岩航輔（2013）. 自己効力感の向上プロセスに関する研究——人事社員を対象として——Retrieved from https://www.b.kobe-u.ac.jp/stuwp/2013/201309a.pdf（2018年5月24日）

Stephen, P. R.（2005）. *Essentials of Organizational Behavior* (8th ed.). Prentice Hall.

（スティーブン, P. R. 高木晴夫（訳）（2009）. 新版 組織行動のマネジメント——入門から実践へ—— ダイヤモンド社）

鈴木亮平（2017）. ソフトバンクが新卒の「ES選考」を AI に任せた理由 ITmediaビジネス ONLINE Retrieved from http://www.itmedia.co.jp/business/articles/1708/29/news011.html（2018年5月22日）

若林満（2006）. 組織内キャリア発達とその環境 経営行動科学, *19*（2）, 77-108.

渡部昌平 (編著)（2017）. 実践家のためのナラティブ／社会構成主義キャリア・カウンセリング——クライエントとともに〈望ましい状況〉を構築する技法—— 福村出版

Yalom, I. D.（1995）. *The Theory and Practice of Group Psychotherapy 4th edition*. Basic Books.

（ヤーロム, I. D. 中久喜雅文・川室優（監訳）(2012). ヤーロム グループサイコセラピー 理論と実践 西村書店

山本寛（2006）. 昇進の研究——キャリア・プラトー現象の観点から—— 新訂版 創成社

第4章

米国でのキャリア意志決定グループについて

三好　真

1．はじめに

　筆者は，2008年より，米国イリノイ州にて，カウンセリング，キャリア理論，グループカウンセリングを学んできた。その後，地域の臨床カウンセリングクリニックにて，貧困，重度の精神障害など様々な問題を抱えているクライアントにカウンセリング支援を実施した後，2012年より，グループカウンセリング実習の教鞭を取ってきた。また，日本においても，インターナショナルスクールや精神科病院でカウンセリングを実施してきた。これらの経験から，生涯発達やキャリアという視点が，臨床カウンセリングにおいても，また，他のどんなカウンセリングにおいても，非常に重要なものであると痛感している。キャリアという視点では，現在の日本で用いられている視点と非常に類似している点が多数見受けられるが，グループワークという視点では，米国とは大きな差異がある。

　本章では，アメリカでカウンセリングとキャリア理論を学び，それらを統合したグループワークを指導してきた筆者の視点で，米国でのキャリア意志決定グループについてご紹介したい。また，日米の比較として，今後の日本のグループワークに必要不可欠なものや是非取り入れるべき内容を取り扱っていく。

2．概要

　米国において，グループには，様々な手法がとられている。全米グループ
ワーク学会（Association for Specialists in Group Work: ASGW, 2000）では，
グループワークを，精神治療グループ，カウンセリング・グループ，心理教育
グループ，そして，タスクグループという4つのタイプに類別している。それ
ぞれのグループは，その目的が異なるが，テーマとしては共通の内容が使用さ
れる。精神治療グループは，重い精神的な障害や困難を負っている者を治療
するためのもので，非常に繊細な対応が要求される。キャリアという視点でい
えば，人生の転機（トランジッション）に差し掛かった人々を対象として，人
とのつながりや対話によって，自分自身のあり方や心の内側にある深い気づき，
対人関係の構築などを学ぶものは，カウンセリング・グループとなる。大学生
を対象とした恋愛や同性・異性に対する興味がうまれる中で自己をどのように
確立するか，どのように，次の人生の転換期へ望んでいくかなどを扱ったもの
がこれに当たる。また，心理教育グループとしては，より直接的な教育的要素
（因子特性論やシュロスバーグの4Sなど）を盛り込んだものもある。これま
で，キャリアという概念がなかった人たちを対象に，自身のキャリア意志決定
をキャリアデザインの教育と共に確立していくことができる。そして，タスク
グループとは，特定のタスクに取り組み，グループとしての成果を上げるもの
である。キャリアの分野でいえば，これまで取り組んできた研究プロジェクト
をポートフォリオとして，メンバーでまとめ上げるための集団であったり，自
身の所属する学部から考え得る企業研究をメンバーとまとめる集団であったり
する。このタスクグループには，教育的な要素はあまりなく，集団として求め
られたパフォーマンスや成果の達成が主目的となる。

⑴　グループの背景と対象者

　筆者が担当していたキャリア意志決定のグループは，米国イリノイ州の州立
大学で実施されていた。このグループの特徴としては，キャリアという新しい

視点で，知識と知恵を得られるようにすることを目的としていた。これまで，キャリアという視点がなかったものに対して，ある程度システマティックに制度化された支援をするという意味においても，また，キャリアという新しい知識を教授するという意味においても，心理教育グループという形態は，非常に理にかなったものであった。

　このようなグループに需要があったのは，この大学の学生たちの背景にある。参加者の多くは，シカゴ南部の貧困と治安が非常に悪い地域から，一族を脱却させるために州立大学に入学した学生たちだ。この学生たちはそれまで，教育というものに対して非常に懐疑的であったり，大学での学業生活に上手く順応できないでいる者が多く，学業において困難を感じ，成績を維持する事が非常に困難な状況に置かれていた。このほかにも，大学のアスリートで，スポーツによってキャリアを確立しようとする学生たちも多く参加していた。彼らは，アメリカという広大な土地での連戦のために，移動時間を取られ，通常の学生たちより成績を維持する事がはるかに困難な立場にあった。また，そのような彼らの全員が，プロのスポーツプレイヤーとしてのキャリア発達が約束されているわけではなく，自律的なキャリア設計が非常に重要なものであるため，キャリア意志決定グループの参加は，非常に有意義なものである。

(2)　グループの設定

　このキャリア意志決定グループのセッションは，週に2回，計8週間行われる。また，各セッション2時間であるが，途中10分程度の休憩がある。基本的な大学の授業は，この1.5倍の時間数であり，なおかつ，出される課題の量は，グループ内での学びを重要視しているため，その他の授業よりも圧倒的に少ない。日本の大学と比べ，この時間数は非常に多いように思われるが，平均的なグループワークの量といえるであろう。

　また，このグループは，大学の授業の一環として行われているため，基本的にはクローズドグループというメンバー固定制で行われる。また，人数についてであるが，各グループでは8〜12名を想定している。しかし，近年ではこのグループの需要が高まり，最大約16名程度で行うこともある。

(3)　ファシリテーター

　このグループワークのファシリテーターは，大学院の修士課程，および，博士課程の学生達で，グループワークの演習としてリードをしている。ここで重要なのが，グループワークのファシリテーターとして，主にグループワークの基礎を学び，なおかつグループの体験をしたことのある者である。グループワークの基礎とは，その基礎概論はもとより，それらを応用し，自らグループのプロジェクトを立ち上げ，そのプロジェクトを実行するためのマニュアルを創造できるまでの技術と倫理的配慮を持ち合わせている者のことを指す。また，自身がグループのダイナミクスに与える影響，グループで起こるダイナミクスが自身に与える影響などを T-グループによって学び，グループワークの有効性と危険性を十分に内省できるようになることが必要不可欠である。

　このような経験を大学院のグループ理論講座で学び，ファシリテーターとしての素質と基礎的な教育を受けた者が，2人一組となって，このグループをリードする。このファシリテーション方式をコ・ファシリテーションと呼ぶ。このコ・ファシリテーションには，様々な利点がある。1つとして，より多くの「目」をもつことによって，グループで起きている事象やダイナミクスをつぶさに観察し，「今・ここ」での瞬間に何が起こっているのかを分析しつつ，より効果的な介入方法を見つけることができることである。円状になっているグループの椅子の配置では，1人のファシリテーターのみの場合，メンバー全員の非言語メッセージや行動を全て観察するのに，物理的な限界がある。これを2人でお互いの死角をカバーしあうことによって，より精度の高い適切な介入ができるようになるのである。また，コ・ファシリテーターが，お互い独立した視点をもつことによって，グループの難しい問題に対して，より多くの介入方法の選択肢を生み出すことができるからである（Kline, 2003）。また，1人で集団と相対するよりも，2人で対処するほうが，心理的なサポートを生み，燃え尽きることを防ぎ，孤立している感覚を防ぐことにつながる（Roller & Nelson, 1993 as cited in Kline, 2003 ; Yalom & Leszcz, 2005）。

　また，このお互いの心理的サポートを行っているコ・ファシリテーター達は，

第4章　米国でのキャリア意志決定グループについて

グループメンバー達に対して，どのようなコミュニケーションや関係性が，グループの中でうまく機能するかという良き模範にもなる。ソロでグループをファシリテートするよりもコ・ファシリテーションを行うことが，より引き出しの多いグループ運営を行えることがおわかりいただけるだろう。特に，グループワークを始めて本格的に学び演習する学生たちには，この方式が非常に望ましい。しかし，ソロのファシリテーターが，効果的なグループワークを行えないという事では決してない。優れたグループファシリテーターは，グループのメンバーを問題解決の資源と捉え，巧みに，グループの運営を行うことができるからである。

(4)　コ・ファシリテーションの問題点

　一方で，コ・ファシリテーションにも問題点はある。コ・ファシリテーションを行うときは，ファシリテーター同士の関係の力動がグループプロセスに与える影響を，はっきりとさせておく必要がある (Kline, 2003)。ファシリテーターの間で問題や対立が起こると，グループのメンバー達は混乱してしまう。グループのメンバーへの模範となるほどの影響力があるためためだ。この対立を巧みに解消することは，グループのメンバーへも良い影響を与える反面，対立が長引いてしまうと，メンバー達もどちらかの肩をもつようになり，グループとしての対立を生み，ささくれだった関係をうみだしてしまう。

　この対立の最も一般的な例としては，ファシリテーター達の競争にある。例えば，誰が最も"才能ある"ファシリテーターなのか，誰が一番メンバーに好かれているのか，誰が"正しい"のか，誰が"主導権を握る"べきなのか，といった点でファシリテーター達は，自らの主張を通そうとすることによって，お互いの意見が半目してしまうのである (Kline, 2003)。

　これらの特徴は，特に，きちんと訓練と教育を受けたファシリテーター同士で起こり得ることだろう。自分自身の価値観を振り返り，独自の理論的見識を育て上げていくことで，他者との価値観の差が明らかになってくるからである。この混乱や誤解が，コ・ファシリテーター達の相反する視点に関連していない場合であれば，それは，大抵，ファシリテーター達が，それぞれの視点に関し

て明瞭に話し合うのに十分なエネルギーを費やしていない結果である（Kline, 2003）。また，もし，訓練や教育を受けていない場合でも，ファシリテーター達は，何が正しいのか分からずに，闇雲に介入したり，防衛的になったりと，自身を振り返るための余裕が全く見られなくなってしまう。

　このような問題点を克服するために，ファシリテーター達は，お互いに誠実なフィードバックを提供し，また，それを受け取ることを真剣にコミット（全力を傾ける）することが求められる。それには，感情的な誠実さと寛大さを必要とする。また，ファシリテーター達の関係は，先程から述べている通り，グループの関係にもトレースされるものである。したがって，対立を避けて表層的に取り繕うファシリテーター達の関係は，グループにもそのまま反映され，メンバー達はグループワークのみで実行可能な治療的因子が十分に発揮された奥深い学びを体験できず，非常に表面的な関係で終わってしまう。これは，メンバー達を疑心暗鬼に陥らせたり，グループへの参加意欲をそいでしまったりする。ファシリテーター達は，たとえ意見の対立や食い違いが現れようとも，お互いを認め合う信頼関係を醸成するように努めることが要求される。

(5)　グループの内外での協働

　では，グループを行う上で，ファシリテーター達は，具体的にどのような行動を要求されているのだろうか？　このキャリア意志決定グループを担当するファシリテーター達は，常に，グループの内外で協働し，コミュニケーションをとる時間を確保することが要求される。ファシリテーター達は，誠実なフィードバックの交換を基としたコミュニケーションをとることを，グループの開始前，メンバー達とグループを行っている最中，終了後のすべての時間に要求される。フィードバックの内容は，理論志向（Theoretical Orientation），アクティビティー・レベルとリーダーシップスタイルの傾向，リーダーシップの長所・短所，潜在的に干渉してしまう恐れのある関係における問題，グループ内でどのようにコミュニケーションをとったらよいか，お互いの介入にどのようにサポートをしたらよいかなどである（Kline, 2003）。ファシリテーター同士で，グループ開始前と終了後は，1時間程度のコミュニケーションを必ずと

第4章　米国でのキャリア意志決定グループについて

る時間を確保することが要求されている。

(6)　グループ終了後のプロセス

　コ・ファシリテーションの一番のアドバンテージの1つに，グループ終了後のデブリーフィング（プロセス）がある。プロセスとは，その場面で，どのように学び，意義を見出すかをいう（Kline, 2003）。理想的には，グループのセッション終了直後にグループの中で経験したことを議論する時間を設けるべきだとされ（Kline, 2003），キャリア意志決定グループを担当するファシリテーター達にも強く推奨されている。グループ後のプロセスは，メンバーの対話や彼らとの協働をどのように感じ，経験したかを議論することに及ぶ。この時間には，また，コ・ファシリテーターがフィードバックしあう時間も含まれている。

(7)　グループ開始前の計画する時間

　グループの計画では，グループが最初に集まる前にするべきたくさんの決定すべきことと，セッションの間で次のセッションについて決定すべきことがある。介入や方策を計画するには，グループが最も効果的に機能するために取り得る介入や方策について，コ・ファシリテーター達の同意が必要だ。同意なき介入や方策の展開は，不必要な混乱を生じるだけである。したがって，計画を立てる必要性を認識し，同時に，これまでのグループでの対話との違いに柔軟に対応する必要があることを理解すべきだ。計画する時間には，スーパービジョンやグループ終了後のプロセスの後に行われる。理想的には，次のセッションの前日までには，この計画を議論する時間を取り，セッション開始直前には，お互いの心身のコンディションを伝えながら，最終の計画を詰めていく事が重要である。

105

(8) スーパービジョン

　米国では，大学院でのグループワークの訓練を受け，その後，3,000時間は，スーパービジョンを受ける義務がある。その後は，スーパービジョンを受けるか，録画レビューや臨時のコンサルテーション，もしくは，グループ後のプロセスだけに頼る者もいる。しかし，このキャリアグループを担当する者は，ソロであっても，コ・ファシリテーションであっても，スーパービジョンは必須とされている。そして，このスーパービジョンは，トライアディック（スーパーバイザー1人に対し，スーパーバイジー2人）2時間とグループ・スーパービジョン2時間の両方を受けることが求められる。1セッション行うことに，合計4時間のスーパービジョンを受けることになるのだ。

　スーパービジョンには，様々なメリットがある。まず，スーパービジョンは，グループやコ・ファシリテーションの関係に直接関与していない客観的な視点から，グループの対話や介入に関する概念化を提供することができる。そして，ファシリテーター達がまだ気づいていない彼らの関係の問題についてフィードバックすることができる。例えば，彼ら自身の関係にある問題に対峙することを避けていたり，一方が，もう一方の言いなりになっていたりするときだ。このようなときは，その問題点を指摘することによって，問題ときちんと向き合うことを促すことができる。また，そのような関係の問題の解決を手助けできるのだ。

　ここで重要なことは，グループ・ダイナミクスについて見識が十分でないスーパーバイザーによるスーパービジョンは，ファシリテーター達の混乱を助長させ，何の益にもならないことである。グループの問題を究明したり，理論を応用したり，介入法を構築する能力が乏しいスーパーバイザーから受けたスーパービジョンでは，ファシリテーター達の成長は全く見込めず，逆に，いびつな関係を醸成する可能性すらある。そのため，グループワークを行う際は，きちんと能力のあるスーパーバイザーを任命することが非常に重要となる。

　スーパービジョンで取り扱うものは，グループの録画をレビューしながら，グループワークの概念化や事例検討だけではない。そこには，必ず，スーパー

第4章　米国でのキャリア意志決定グループについて

マーケットの能力の発達を視野に入れた支援が必要となる。そのため，グループ理論やダイナミクスの原理を応用しながら，コ・ファシリテーター達の関係の問題について対峙したり，それぞれのファシリテーターのスタイルを確立させながら，そのスタイルの成熟を促してゆく。これは，カウンセラーになるための訓練（スーパービジョン）の中に，グループワークの成熟が含まれていることによって実現できることである。

　スーパービジョンの準備として，ファシリテーター達は，各セッションのグループダイナミクスを分析した報告書とグループの録画のレビューが必要とされる。この報告書には，後述するフォーカル・コンフリクト理論を基とした，メンバー達の葛藤とグループ内での言語で表出している明らかな摩擦（Overt Conflict）と，非言語などではっきりと表出していない摩擦（Covert Conflict）の両方を録画したビデオから分析し，報告することが求められる。この分析能力は，一朝一夕ではできないもののため，スーパービジョンにて，指導を受けながら成長していくものである。一方で，すでに，グループワークの経験豊富なファシリテーター達にとっても，各セッションでの事象を分析し，次回のセッションの対策のための振り返りに，非常に有効な手段でもある。

3. グループで用いられる理論

　グループを計画し，効果的に実践するには，上記で述べたようにコンテントとプロセスをきちんと把握する必要がある。キャリアの心理教育グループを計画する際，コンテントは，キャリア理論を基に定めていくことができる。しかし，キャリア理論を基とした題材をどのような順番で，どのような過程でメンバーに紹介し，学びを促進させるかは，グループの発達理論やその瞬間でのグループやメンバーの言動の意図を読み解く理論が必要不可欠となる。

　グループの発達段階を理論化されたものとしては，Yalom & Leszcz（2005）の集団心理療法や Tuckman の発達モデル（Tuckman & Jensen, 1977）が有名である。グループの発達とメンバー同士のグループ内の力動を鑑みて，どのようなアクティビティやトピック，取り組むべきワークを構成するかを判断することは非常に重要なことである。これは，あらゆるグループに共

107

通していえることだが，特にキャリア意志決定グループなどの心理教育グループでは，アクティビティを設定する際グループの発達を見る必要がある。グループ発達理論は，メンバー達がどの程度の侵襲性のあるアクティビティに耐えられるかを示唆している（Jones & Robinson, 2000）。そして，グループの発達の各段階において，どのような力動が働き，どのような学びを形成するかを理解することが，ファシリテーター達にとって，適切な介入方法の選択と実施をする上で，必要不可欠なスキルとなる。

　また，グループファシリテータとして必要不可欠な介入スキルをまとめた理論としては，リーダーシップ機能が有名である（Lieberman, Yalom, & Miles, 1973）。このリーダーシップ機能は，運営管理的機能，意味づけ，感情的刺激，配慮・ケアの4つに大別されており，それぞれの機能に，特定の介入スキルがまとめられている。

　しかし，これらのモデルや理論では，グループ内の各個人，特定のサブグループの内外，グループ全体で起こるその瞬間瞬間の力動と発達段階を統合的に捉えて，グループの発達を促すためにどんな介入をすればよいかが十分には示唆されていない。グループの発達は，常に，各個人とグループ全体で起こる一種の緊張状態によって発達していく。この緊張状態はコンフリクト（Conflict）といわれるものである。コンフリクトは，メンバー一人ひとりが抱えており，なおかつ，グループ全体に共鳴している中核的懸念によっておこる。このコンフリクトに焦点を当てて，グループがどのように発達し，メンバーそれぞれの言動の意図や，メンバーがグループでの対話の中で何を求めているかを解説しているのが，フォーカル・コンフリクト理論（Kline, 2003）である。

　したがって，グループファシリテーターが用いるべき理論とは，グループの発達，リーダーシップ機能，グループのコンフリクトを含む力動の3つに大別される。そして，グループファシリテーターは，それぞれの理論を理解し，巧みに応用できていることが前提となる。

第4章　米国でのキャリア意志決定グループについて

４．コンテントVSプロセス（体験的学習／アクティブ・ラーニング）

　グループワークを行う中で注意すべき点は，グループの中で起こる力動を把握することである。ファシリテーター達にとって，どのようなグループワークにおいても，「何を」トピックとして取り扱い，また，「どのように」学ぶ（意義を見出す）のかという点を切り替える視点をもつことが非常に重要になってくる。この，グループワークで扱うトピックをコンテントと呼び，また，その場面で，どのように学び，意義を見出すのかということをプロセスと呼ぶ（Kline，2003）。

　キャリアグループにおいて，トピックとして扱うコンテントには，キャリアに関する様々なものがある。例として，これまでの職業体験で一番良かったもの，または，一番悪かったものをグループにディスカッションさせ，メンバー達がどのような職場を求めているのかを理解するようにサポートをしたとしよう。すると，メンバー達が，お互いにどれだけ自分の経験が厳しいものだったか，お互いに，競い合うようなことになるかもしれない。お互いに競い合う意図の裏には，自分を弱い人間だと見られたくないという心理が働いているからだ。グループとして，凝集性や普遍性を高めることが，メンバー一人ひとりの自己肯定感や自己効力感を上昇させ，それぞれのキャリアの達成を促し，力づける大きな要因となる。しかし，グループとして何か取り組みをする際には，そのグループに参加するか，自分の安全な居場所がグループに見出せるかどうかが，メンバーにとってはとても気がかりな点となる。このような状態では，自己防衛のために，他のメンバーと競い合うような行動がしばしば見受けられる。

　このようなとき，メンバー達が，どんなことを言っているのか（コンテント）に目を向けるのではなく，その発言の意図やグループとしてどのように学びが起こっているのか（プロセス）について着目するべきである。メンバーの行動の意図を探り，どのようにグループと共に学ぶことができるか，そのプロセスをディスカッションすることによりグループの発達を支援し，メンバーが

109

よりグループの治療因子を獲得しながら，学びを体験できるようになるのだ。このプロセスは，「今・ここ」での議論とも呼ばれる（Kline，2003，p.237）。メンバー達が，「今・ここ」で，いったいどんなことを達成しようとしているのか，という視点に立って議論することによって，自分たちが，グループにとっても自分自身にとっても一番有益なこととは何かを探り，実践できるようになるからだ。

5．グループ・アクティビティ・コンテンツ

　では，このキャリア意志決定グループでは，どのような流れで，メンバー達をサポートしているのだろうか？　このセクションでは，実際に米国で実施されているキャリア意志決定グループの内容（Southern Illinois University，2015）を紹介していこう。
　一般にキャリア理論をそのまま教えていくだけでは，専門用語が多く，グループのメンバーが，すぐに内容を理解し各々の人生に役立てることは非常に難しい。そこで，メンバーへは，以下の3つを目的としたグループだと説明している。
　　①各個人自身についての理解を深め，自分自身を構成している特徴を探索
　　　すること。

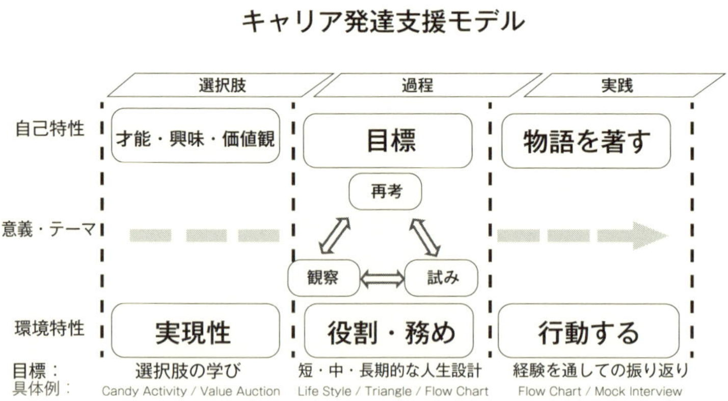

キャリア発達支援モデル

図4-1　キャリア発達支援モデル

②自分の意思決定のスタイルを学ぶこと。

③自身の専攻やキャリアにおける目標について学ぶこと。

実際のグループのアクティビティの構成は，これら3つ目的を達成するために，大きく3つの目標を軸にしている（図4-1）。ここでは，それぞれのアクティビティを紹介する。各アクティビティの紹介は，その概要（コンテント）と，そこからより深い自己意思決定への学びと深い洞察を得るために行うディカッションの議題（プロセス・クエスチョン）を紹介していく。このコンテントとプロセスについての詳細は，前項に記すので参照されたい。

(1) 円滑にグループワークをするために

グループワークの序盤は，メンバーの学びを最大限確保し，円滑にグループワークを行うためのアクティビティで構成されている。これらのアクティビティでとても大切なことは，メンバー達の安全を確保しながら，前向きに，グループワークに取り組むことのできる環境を整備することである。ガイドラインの設定（Establishing Guideline）では，主に，守秘義務やメンバー間の対話のあり方，メンバーのグループやそのほかのメンバーへの姿勢についてのルールを決める。望みと懸念（Hopes & Concern）では，メンバーが，このグループに参加する上での希望や懸念について共有し，グループ全体として，どのような意識があるかを明らかにすることが目的である。そして，効果的なフィードバックの活用（Working through effective feedback）では，メンバー間のお互いのアドバイスや意見交換において，どのようなあり方が望ましいかについて学ぶものである。これらのアクティビティは，キャリアについて学ぶ以前に，グループとして達成したいことや各メンバーの達成したい目標をかなえるために必要不可欠な対人的スキルとワークへの取り組みを学ぶことを目的としている。したがって，これらのアクティビティは，どのようなグループワークにおいても広汎に取り入れられているものである。

①ガイドラインの設定（Establishing Guideline）

ファシリテーターは，グループ（メンバー達）に，これまで仕事やチームワ

ークのなかで守らなくてはいけなかったルールについて共有するように求める。そして，私達もいくつかのガイドラインを守らなくてはならないことと，そのガイドラインを一緒に設定していく必要があることを説明する。グループで出し合い，設定されたルールは，大きなパッド（もしくは，模造紙など）に書き出し，以降のセッションでも常に見える場所に設置する。グループは，このガイドラインを振り返り，改定し，最新のものにすることができるということを保証される。このガイドラインの中で，次の項目に触れ，議論されるようにする：他者への尊重，傷つけるようなコメントの禁止，それぞれが自分の意見をもてるようにすること，守秘義務（不適切な内容の共有の禁止），時間の厳守，他者が話している時の言動，誠実さ，休憩の取り方。

　プロセス・クエスチョン
　□これらのガイドラインを設定することは，どんな役に立つだろう？
　□守秘義務はこのクラスを受けるにあたって，あなたにとってどのくらい重要でしょう？
　□このガイドラインについて，どんな懸念があるだろうか？
　□このガイドラインにどんな加えたい事，変更したい事があるだろうか？

　目的　このアクティビティは，メンバー全員に，ガイドラインの作成をすることによって，グループへの参加を促すためにある。グループをより円滑に，より安全に，そして，より居心地の良い環境で進めるためにある。

　②望みと懸念（Hopes & Concern）
　ファシリテーターは，メンバーそれぞれに白紙のカードを一枚ずつ配り，このグループにおける望み（Hope）を表に，懸念（Concern）を裏に，それぞれ１つずつ書くように伝える。その際，このカードは，匿名で書くように注意する。そして，このカードを集めた後，無作為にシャッフルし，メンバー達に，それぞれ１枚ずつ選んでもらい，そのカードに書かれたものを読んでもらう。この時，メンバー達は，まず望みを読みあげ，それについてプロセスを行い，その後，懸念について読み上げ，プロセスを行う。最後にて，メンバー達に一人一人順番に（例：時計回りに），オリジナルのカードに記した（自分の

もともと感じていた）望みと懸念が起こりうるか，1〜10 の間で評価してもらう（1＝最も起こりえない，10＝もっとも起こりえる）。このディスカッションの終了後に，メンバー達に自分たちのオリジナルのカードに名前を記入してもらい，回収し保管しておく。グループの最後のセッションにおいて，もし，メンバー達が感じた希望や懸念が，グループワークの中で扱われたかどうかを評価してもらうために，このカードを返却するためだ。

プロセス・クエスチョン
□あなたの希望・懸念は，他のメンバーとどのように似ていましたか？　もしくは，ちがっていましたか？
□他のメンバーの希望・懸念を聞くことが，どんな風に役立っただろう？
□自分の希望・懸念を知ってもらう事が，このグループにとって，どんな風に役立つだろう？

目的　メンバーに，希望と懸念について表明してもらうきっかけをあたえ，お互いに共通の意見をみつけ，それぞれの他者やグループに対して期待していることを探ることを目的としている。これは，グループの凝集性を高めさせ，普遍性の感覚を醸成するためだ。また，グループメンバーとしてどのようなことを周りに期待しているかを決め始めさせるためでもある。

③効果的なフィードバックの活用（Working through effective feedback）
　まず，ファシリテーターが，教育や職場の中での経験を基に，フィードバックの重要性を説明する。これは，自己の修正（Self-correction）や意思決定のなかでどのような役割を担っているか，その重要性を明らかにするためだ。そして，ファシリテーターは，効果的なフィードバックとはどのようなものかを記した資料を基に，このグループの中では，他のメンバーの目標やキャリアの意思決定などに対して，効果的なフィードバックを行う事が期待されていることを説明する。

効果的なフィードバックの資料（概略）
- ①役立つ②適切・妥当な③正確なフィードバックを，④良きタイミングで行う。

- Ｉ（アイ）ステートメントと誠実さ。
- 具体的で焦点のあった内容にする。
- 適切で妥当な内容にする。

プロセス・クエスチョン

□このフィードバックの共有は，普段の会話とどのように違っているだろうか？

□他の人にとって，あまり，プラスに感じられないフィードバックを与えてしまっている時は，どんな伝え方をしているだろう？

目的　このアクティビティを通して，ファシリテーターは，経験的な形式（フォーマット）を提供しながら，情報提供という介入を行っている。同時に，グループにフィードバックを与えたり受け取ったりする経験を共有させることを目的としている。メンバー達に，フィードバックを与えることと受け取ることをどのように理解したか言い表させることと，役に立つフィードバックのタイプとそうでないフィードバックのタイプを明らかにすることにより，ファシリテーターは，メンバーに，フィードバックの授受を行ってきた経験とフィードバックの基本的な知識について気づきを促すことができる。最後に，プロセスクエスチョンを使用していく中で，メンバーは，体験的な学びとして，フィードバックをファシリテーターに提供する機会が得られる。適切なフィードバックは，職場やキャリアの意思決定においてどれだけ役立つものになるかを最後に再び議論して終了することによって，これからのキャリアで起こる対人関係にも関連するという意味付けをして，このアクティビティを終了する。

(2)　選択肢の学び

　キャリア・グループでの第一の学びは，選択肢の学びである。これは，グループのメンバーが，各々の才能や興味，価値観など，自己の理解を深めることと，どのような選択肢が彼らの人生には存在するのかを学ぶ事を目標としている。これは，主に因子特性論を反映させているものである。この目標を達成す

第4章　米国でのキャリア意志決定グループについて

るためのアクティビティの例として，以下のようなものがある。

（A）アセスメントを活用したアクティビティ
　自己理解を深める時に有用なのが，アセスメントを利用することである。アセスメントは，様々な理論や研究結果を基とした理論によって構築されている。したがって，より普遍的で客観的な事故に関する情報を得ることができる。しかし，そのような資源もどのように使用すべきかをきちんと理解しなければ，誤った解釈をしてしまい，逆に混乱を生むことにもなりかねない。そこで，因子特性論を基としたアセスメントを巧みに利用するために，アセスメントの目的と限界について学ぶことが非常に重要である。

①アセスメントの目的と限界
　ファシリテーターは，以下のようにアセスメントについてグループメンバーの理解を深めたうえで，アセスメントを行うことを推奨する。
　「このグループでは，キャリアに関連する尺度を使用します。これらは，皆さんのキャリア意志決定にとても役立つものです。尺度やアセスメントを利用する際，次の事を理解しておきましょう。」

- 結果は，確定しているわけではない。
- 結果に，善し悪しというものはない。
- 結果は，時が経つにつれて変化することがある。
- 尺度やアセスメントは，あなたが意思決定する中でどこにいるのかをパッと確認するためにある。
- 皆さんのスコアは，一人一人違う。高いスコアが低いスコアよりも優れた者とは限らない。試験やテストとは違ったものである。
- これらの尺度やアセスメントは，心理テストではない。したがって，隠された心理的な問題などを明らかにするものではない。
- 結果は，あなた自身やあなたのキャリアに対して，今，どんなことを考えているか，その洞察や理解を与えるものである。

115

② Career Decision-making Self-efficacy Scale（CDSE; Betz, Klein, & Taylor, 1996）

ファシリテーターは，以下のようにアセスメントの内容について説明をする。

「最初のアセスメントは，キャリアに対する様々な取り組みについて，あなたがどれだけ自信があるかについて知るために作られたものです。ここでは，誠実に答えましょう。もし，アセスメントに書かれている項目で，本当にどうしたらよいのか分からない場合は，そのように，こたえましょう。」

プロセスクエスチョン

□このCDSEをやってみて，どんな反応や考えが浮かびましたか？

□どの質問が一番印象に残っただろう？

□それぞれの回答を見渡してみて，全体として，どんなことに気づきましたか？ より自信があるでしょうか，それとも，あまりないでしょうか？

□だれか，かなり自信の低いスコアだった項目について，共有してもらえませんか？ ～その項目が，自分も自身の低いスコアだった人はいませんか？

ファシリテーターは，今後このアセスメントの結果の使い方について，以下のように説明する。

「これから，このアセスメント用紙を回収します。あとで返しますので，名前を付けるのを忘れないで下さい。 このアセスメントの結果をグループ全体として，みさせてもらいます。これは，一番多く自信がない項目はどれかをみて，今後のセッションで，その自信をつけるためにどんなアクティビティができるか，皆さんと一緒に計画するためです。」

プロセスクエスチョン

□これらのキャリアに関するアセスメントと受けてみて，どう感じましたか？

□こういったキャリアに関するアセスメントを受けることが，このグループで，どのような役に立つでしょうか？

目的 このアクティビティは，グループの中で使われるアセスメントに対して，メンバー達に基本的な理解を深めてもらうために行う。特に，これら

第4章　米国でのキャリア意志決定グループについて

のアセスメントは，彼らが他の講義で受けるような試験とは別物だと認識してもらうことである。そして，彼らの意思決定において，これらのアセスメントが役立つものであるということを理解してもらうために行うものである。

③ワークネットの利用

この因子特性論の中でも，基本的な自己理解（興味，才能）を理解するために，メンバーには，イリノイ州が運営しているオンライン・インベントリー（the Illinois Work Net）を利用してもらい，その結果をグループで一緒に議論していく。このオンライン・インベントリーの結果は，自身の興味，才能をホランドのRIASECの6つのコードを基に記されている。また，このコードを基に，全米で登録されている様々な職業情報が詳細に分類されており，自身の興味，才能を基に，自分の適性にあった職業の検索が行えるものである。ファシリテーターは，このインベントリーについて，以下のように議論を進めていく。

the Illinois Work Net興味プロファイルの結果についての議論のため，ホームワークとして，興味プロファイルを受けてきてもう。ファシリテーターは，興味やスキルがメンバーにとってどんなキャリアとフィットしているかに焦点を当てて議論を進めていく。

プロセスクエスチョン
□このアセスメントは，あなたにとってどんな風に役立ちましたか？
□自分自身について，どんなことを新しく学んだだろう？

議論　アセスメントは，自分のことについてどういう風に言っているだろう？
　　興味プロファイルの結果についての議論は，メンバーのアセスメントの結果に対しての反応や姿勢についての議論へと繋がっていく。
・　これらの結果は，真実で，絶対に従わないといけないのだろうか？
・　このアセスメントは，どんな意味があるだろうか？

目的　このアクティビティの目的は，インベントリーの結果を解釈（読み解

117

く）ことと，このインベントリーそのものに対しての理解を深めるために
ある。

（B）アセスメントを用いないアクティビティ
　理論をきちんと反映させたアクティビティでは，アセスメントを用いずとも，
メンバーの学びを促進することができる。このセクションでは，アセスメント
を用いないアクティビティを紹介していく。

①キャンディーアクティビティ
　メンバーそれぞれに小分けにされているお菓子（スニッカーズ）を配布する。
その後，メンバーを2人もしくは3人にわける。そして，そのお菓子が，彼ら
が手にするまでに関係している職業をできるだけ多く書き出すように指示をす
る。制限時間は，3〜5分程度とする。書き出す時間の終了を告げたら，それ
ぞれのチームから，書き出した職業を1つずつ読み上げるか，もしくは，ボー
ドに書き出すように指示する。また，より多くの職業を書き出すように，チー
ム対抗のゲーム方式にする事もできる。

　プロセス・クエスチョン
　□他のチームが共有した職業の中で，どんなものが自分のチームが思いつか
　　なかっただろうか？
　□この中で，どんな職業が，あなたが思いつかなかったものや，驚いたもの
　　は何だろうか？
　□これらのリストをみて（もしくは，これらの職業を聞いた後で），自分の
　　職業として考えられるものは何だろうか？

　目的　このアクティビティの目的は，ほぼ無限に存在する仕事やキャリアと
　　仕事の世界についてメンバーの理解を広げることである。

　もし，時間に余裕があれば，メンバーそれぞれに，リストの中から興味のあ
りそうな職業を3〜5つ選ぶように，指示をする。その後，その職業の中で，
一番興味のあるものから順位をつけるように指示する。そして，そのリストと

第4章　米国でのキャリア意志決定グループについて

なぜその順位になったのかをグループ全体に共有する。

②最高と最悪の職業体験（ベスト＆ワースト・ジョブ・エクスペリエンス）
　選択肢を学ぶ中で，最初に取り掛かることは，自身のこれまでの経験を振り返ることである。そこで，グループファシリテイターは，以下のように，今までで一番良かった職業体験と一番悪かった職業体験について，メンバーに議論するように促す。
「これから，今までで一番良かった職業体験と一番悪かった職業体験について，話していきましょう。少し考えてみましょう。どんな仕事で，どんなことがあったのでしょうか？　その仕事のどんなことが最高の仕事，もしくは，最悪の仕事だと感じさせたのでしょう？　まずは，最悪だった仕事についてから，話していきましょう。誰か最初に共有してくれる方はいませんか？」
　注意点：
　　このアクティビティは，メンバー達が，性別や民族，年代に対する差別に直面した出来事を明らかにし，ファシリテーター達に，彼らの語りを聞くととても貴重な機会である。職場でハラスメントを受けたり，上司から個人的・経済的に足元を見られるような経験をすることは，決して稀なケースでなく，このグループのメンバーも経験する確率は確実に存在する。メンバーの語りを受容することによって，メンバーは，ファシリテーターをより信頼できるようになる。そして，グループの中でも，ネガティブな話をしても良いのだとメンバーが認識できるようになる。また，グループメンバー同士の繋がりを強める機会を探すべきでもある。メンバー同士の繋がりは，似た経験を語り合ったり，ある出来事に対して，似た反応や感情を指摘することによって強まる。
　　その後，最悪の職業体験について共有した後，最高の職業についても話し合う。
　　最高の職業について話し合う場合においても，ファシリテーターは，メンバー同士のつながりを強められるよう努める。

プロセスクエスチョン

□他のメンバーの嫌な経験や良い経験を聞いて，どんなことが印象に残った
だろうか？

□他のメンバーと似た経験はあっただろうか？　違いはあっただろうか？

□この場にいるメンバーの中で，誰の経験にコメントしたいだろうか？

□他のメンバーの職業体験でどんなことが興味深かっただろうか？

□こういった経験を思い出すことが，このグループの目的に，どんな風に役
立つだろう？

目的　このアクティビティの目的は，メンバーに，グループの中の対話でリ
スクを取る最初の段階を促すためにある。このアクティビティでは，リ
スクが比較的低い自己開示を促すように働きかけている。メンバーの名前を
呼びあげながら，そのメンバー達の経験をリンクさせることによって，メ
ンバー同士のフィードバックの交換を促し，また，メンバー同士の横のつ
ながり（コミュニケーション）を醸成することを目的としている。

③クルーズ・ゲーム

クルーズ・ゲームでは，ホランドのコード（RIASEC）を基とした6つの豪
華客船の旅の広告（ポスター）を，グループを行う部屋の壁に張り出す。この
時，どの広告がどのコードに当てはまるか，また，ホランドのコードを基にし
ているなどの情報は，グループメンバーに，伝えないようにする。そして，ファ
シリテーターは，以下のように，アクティビティについての指示をだす。

　「このアクティビティは，クルーズゲームと呼ばれるものです。次の10分
間の間，あなたは，豪華客船の旅に出る者だと思ってください。どのクルー
ズにするかを選ぶ前に，どんなオプションが付いてくるか，チェックしてく
ださい。それぞれの航路には，どんなアクティビティがあるか，ポスターに
書かれています。それぞれのポスターに書かれているオプションを読んだ後，
どのクルーズに参加して，その豪華客船に招待された人々と知り合いになり
たいか，上位3つの航路を選んでください。」

　その後，メンバーを円に戻ってもらい，上位3つの航路は何か共有するよう

第4章　米国でのキャリア意志決定グループについて

に促す。その後，それぞれのクルーズに乗船できるのは，ある程度の上限枠があり，グループメンバー同士で，全員がかならずいずれかのクルーズを選択できるように議論を促す。

　プロセスクエスチョン
　□どのようにして自分が乗りたいクルーズを決めただろうか？
　□グループメンバーとどのように話し合いながら，最終的にどの豪華客船の
　　旅の切符を手にしただろうか？
　□このアクティビティが，あなたのキャリアの意思決定にどのように応用で
　　きるだろうか？
　□このアクティビティは，あなたにとって役に立つものだっただろうか？

　目的　このアクティビティの目的は，メンバーにホランドのコードを体験
　　的なアクティビティによって理解を深めてもらうことである。また，ホー
　　ムワーク（Illinois Work Net の活用）とグループの中でのアクティビティ
　　を関連付けるように促すことでもある。ファシリテーターは，どんな時で
　　も，メンバーの考えを資源の利用と考えてお互いをサポートしながら，そ
　　れぞれの考えを共有するように促していくことが非常に重要である。

④バリュー・オークション
　バリュー・オークションでは，自分のキャリアや人生に対する価値観や姿勢について学び，また，どのようにその価値観や大切にしている物を獲得していくか，自己意思決定について学んでいくものである。ファシリテーターは，以下のようにして，このアクティビティを進める。
　ファシリテーターは，バリュー・オークションに必要な道具（疑似通貨，バリュー・シート用紙）をメンバーそれぞれに行きわたるよう配布する。メンバーは，バリュー・シート用紙に書かれている項目の中から，好きなものを落札できるように，総額 $100,000 ほど支給される。掛けの最少額は，$100 からとする。メンバーは，オークションを開始する前に，予算と書かれた欄に，どの位それぞれの価値に掛け金を分配したいか記すように指示される。その後，オークションを開始し，メンバーの掛け金がなくなるか，全ての価値の項目が落

121

札されるまで続ける。この時，実際に掛けた金額を掛け金の項目に記し，また，落札できたかどうかを記すように，メンバーに指示をする。ファシリテーターが２人いる場合は，１人は，オークショナーとなり，もう１人は，記録係となる。

バリューオークションシートの項目
- 満足し充実した家族との生活
- 干渉の無い自分自身で決められる人生
- 他者や国の運命をコントロールできること
- 周りからの尊敬と承認を得ること
- 無制限の旅行
- 自分の自信に満ち溢れ，人生に見通しが立つこと
- 魅力的で，スタイルに鋭いセンスをもつこと
- 晩年まで，無病息災でいること
- 自分が学びたい事を学べる人々や図書館への完璧なアクセスをもつこと
- 自分に必要な富と資源のすべてをもつこと
- 世界で最も美しい景色を見渡すこと
- 世界から偏見をなくすこと
- 他者のよりよい生活に貢献するために何かをすること
- 誠実な世の中で生活すること
- 完璧な恋愛関係
- より高い霊的な気づき
- 全ての場面で，新しい独特なアイデアを生み出す能力

プロセスクエスチョン
- □ 価値とは何だろう？
- □ あなたにとって最も大事な価値とは何だっただろう？
- □ あなたにとって最も大事な価値をどのように選んだだろう？
- □ この価値の重要度が，時が経つにつれて変化するだろうか？
- □ これらの価値の重要度は，あなたがキャリアの意思決定を行う際にどのように利用できるだろう？
- □ 他のオークションに参加した人が，あなたが掛けをする時にどんな影響を

122

第4章　米国でのキャリア意志決定グループについて

与えただろうか？

□キャリアを決めるときに価値を知ることはなぜ重要なのだろう？

□キャリアは，あなたのキャリアにどのような影響を与えるだろう？

□このアクティビティの目的は何だろう？　なぜ，このアクティビティを行ったのだろうか？

目的　このアクティビティの目的は，メンバー達に，個人的な価値観とは何か，そして，その重要度がどのくらいのものであるのかを明らかにするためである。また，価値観が，キャリアの意思決定を行う際に，どのように影響するのかという価値観と自信の意思決定を統合させるためでもある。

(3)　実現性を鑑みたアクティビティ

　これまでのアクティビティは，主に，自己理解と仕事理解について焦点を当ててきた。これらのアクティビティは，因子特性論を利用して，自分の特性に合ったキャリア選びをすることに重点を置いてきた。しかし，単なるマッチングだけでは，実際の環境特性を鑑みた実現性の高いキャリア意志決定にはならない。メンバーそれぞれにおかれた環境は，メンバーの自己意思決定に非常に大きな影響を及ぼすからである。そこで，次の段階として，メンバーに，自分を取り巻いている環境が，自身のキャリア意志決定にどのような影響を与えるかを理解を深めてもらうために，次のようなアクティビティを行う。

①影響の輪（サークル・オブ・インフリュエンス）

　メンバーは，他者が，自分のキャリア意志決定の流れの中でどのように影響を与えるのかを明らかにすることになる。彼らは，紙に円を描き，その真ん中に，自分の名前を書くように指示される。そして，その縁の外側に円を描き，より自分に影響力をもっている人物の名前を内側に，影響力の少ない人物の名前をより外側に記すように指示される。ファシリテーターは，メンバーが円を全て書き終わったのち，何人かに自分の書いた円の内容を発表してもらうように募る。メンバーの発表が終わったら，ファシリテーターは，次のような質問

123

を投げかける。

- 自分と他のメンバーの縁を見比べて，どんな違いや似ていることがある
  だろうか？
- この円の中で，あなたにとって最も重要なものは，何だろうか？

プロセスクエスチョン

☐他の人の縁について聞いてみるのは，どんな感じだったろうか？

☐この円に書かれている人は，自分のキャリア意志決定にどんな影響を与え
　ているのだろうか？

☐他の人の意見を聞いて，この円に記されている人に対する考えに，何か変
　化はあっただろうか？

目的　このアクティビティは，メンバーに，自分の職業の選択に対して，ど
　のような人がどのような認識や見方をしているかを明らかにするために行
　うものである。

②職業家系図（オキュペーショナル・ファミリー・ツリー）

　メンバーは，自分の家族や家系が，自分のキャリア意志決定や職業の選択に
どのような影響を与えているか，理解を深めるように促される。ファシリテー
ターは，職業家系図の用紙をメンバーに配布し，それぞれの血縁関係の者がど
のような職業に就いているかを記す。その後，メンバーは，グループメンバー
にこの家系図から，どんなことが見て取れるかについて，グループで共有しな
がら以下のことを議論していく。

注意点：

　このアクティビティは，メンバーの非常に個人的な内容を内包している。
特に，このグループに参加する者の中には，特別な事情を有しており，あま
り，グループメンバーに触れられたくない者もいることに，ファシリテータ
ーは，十分な配慮を行う必要がある。メンバーの中には，父方の家族が全く
音信不通なものや，父親を知らないもの，または，家系の大半が，服役中の
者などもいたりする。ファシリテーターは，このアクティビティを通しての
学び（プロセス）を重要視し，家系図の中身そのもの（コンテント）を暴露

第4章　米国でのキャリア意志決定グループについて

させることが目的ではないことを肝に銘じておかなければならない。このような配慮をしながら，以下の問いをグループに投げかける。
- この家系図で，どんなことが見えてくるだろうか？
- この家系図の中で，一番重要なことは何だろうか？

プロセスクエスチョン
☐このグループの他のメンバーのことを聞くのは，どんな感じだっただろうか？
☐自分の家族は，キャリア意志決定にどのような影響を与えているのだろうか？

目的　このアクティビティは，メンバーに，自分の職業の選択に対して，家族の内，どのような人がどのような認識や見方をしているかを明らかにするために行うものである。

(4)　短・中・長期的キャリア設計

　これまでのアクティビティは，これからメンバーが達成したいより明確なキャリアの目的と実現性を明らかにすることであった。これより先は，この先の未来において，どのように実現したい目標が変化していくかについて，学ぶことを目的としている。すなわち，中・長期的キャリア設計が，個人のキャリア意志決定にどのような影響を与えるかについて学ぶためのものである。

①ライフスタイル・トライアングル
　グループメンバーは，1枚の紙を配布され，大きな三角形を書くように指示される。そして，その三角形に横線を2本平行に引き，三角形を3つに分けるように指示される。この三角形のそれぞれの大きさ（一番上の欄が一番小さく，一番下の欄が一番大きい）が，費やす時間の量を表す。ライフスタイルの指す3つの項目とは，関係，仕事，そして，レクリエーションである。メンバーに，最初，現在，この3つのライフスタイルにどのように時間を費やしているか，三角形に書き込むように指示される。メンバーは，それぞれの三角形につ

125

いて，他のメンバーに発表をする。その後，ファシリテーターは，用紙を裏返し，裏に，再び三角形を書き，未来の自分のライフスタイルがどのようになっているかを記すように指示する。

プロセスクエスチョン
□未来の三角形は，現在のものとどのように違っているだろうか？　もしくは，同じままだろうか？
□どんな価値観が，あなたの決定に影響を与えただろうか？

目的　現在の時間の使い方と未来の時間の使い方を明らかにすることは，メンバーが，最終的なキャリアの目標を達成していく中で，どのようなライフスタイルの変化が必要になってくるかを明らかにしていくうえで，非常に役に立つものである。他のメンバーが自分と似た時間の使い方をしていることを聞くことは，普遍性を感じることを養うことになる。また，個人がどのように時間を費やしているかについて，自身の気づきを深めることにもなる。

②フローチャート・アクティビティ
　このアクティビティは，メンバーそれぞれの中・長期的キャリアを見据えて，最終的なキャリアの目標を達成するために，どのようなステップを踏んでいくか，フローチャートにまとめていく。最終的なキャリアの目標を達成するためには，1つだけの一直線の道筋だけではない。したがって，たくさんの選択肢で構成され，また，複雑な道筋（過程）がある場合もある。また，1つのステップが失敗したり，遂行できなかった時に，どのような選択肢やステップに繋がるのかを考慮する必要もある。メンバーそれぞれの状況や背景を考えながら，これから先，どのような道筋で自分のキャリアの目標を達成することになるかをまとめたものが，フローチャートになるのだ。したがって，ファシリテーターは，このアクティビティで，各個人の独創性を如何なく発揮するために，フローチャートのデザインにおいても，個性を出して作成するように促していく。フローチャートは，ホームワークとして，メンバーに所定のセッションまでに完了させ，グループの中で，完成したフローチャートの発表するように指示を

126

第4章　米国でのキャリア意志決定グループについて

出す。

(5)　実践―経験を通しての振り返り

　より明確なキャリアの目的と中・長期的キャリアについて考えた後は，実際
に，その目標に向かって，実際に行動を映していくことが重要になる。パフォ
ーマンスを発揮する段階は，タックマンのモデルの中でも後半に起こるもので
ある。したがって，この段階で，グループは，パフォーマンスを発揮する段階
へと発達していることが考えられる。もし，パフォーマンスを発揮する段階に
達していない場合は，ファシリテーター達のより直接的な介入やリードが必要
となってくる。

①模擬面接の計画
　ファシリテーターは，メンバー達が，模擬面接をどのように行いたいかにつ
いて，まとめていく必要がある。ファシリテーターは，グループの発達程度や
キャリアについての理解度に応じて，模擬面接の方法をファシリテーター自身
でアイデアを出したり，もしくは，グループからアイデアを集めたりすること
ができる。また，模擬面接にて使われる履歴書にどんなことを含んでおくべき
かについての議論も促す。

プロセスクエスチョン
□模擬面接を準備するのはどんな感じだろうか？
□もし，今，この瞬間に面接を受けることになったら，どのくらいできる
　だろうか？（1-10の間で，どれくらいだろうか：1＝まったくできない，
　10＝滞りなくできる）

目的　この議論は，メンバー達にこれから行う模擬面接に集中できるように
　するために行うものである。この議論は，メンバーが，このアクティビテ
　ィに参加する者として，どのように面接が行われ，面接に臨む際にどんな
　ことが求められているかを判断し決めることによって，グループ全体とし
　てのプロセスに誘うためでもある。

127

②模擬面接の実践

　グループとして計画した模擬面接を実際に行う。模擬面接では，グループの人数に応じて，面接官や面接を受ける者，その他の役割（観察し，フィードバックを行う者）など，模擬面接の計画で話し合った役割と模擬面接の進め方を確認し，実行する。

プロセスクエスチョン

　□実際に面接を受けて，どのような感じだっただろうか？（1－10 の間で，どれくらいだろうか：1＝まったくできなかった，10＝滞りなくできた）

　□本番によりよく面接に臨めるようにするためには，どんなことが必要だろうか？

　□よりよいパフォーマンスを発揮するために，どんな資源があるだろうか？

③専門機関の利用

　さらに，メンバーが大学生活の中で得られる資源を体験的に習得するため，キャリア・サービスへの遠足も，アクティビティの1つとして組み込まれている。キャリア・サービスは，大学内に設置された就職課やキャリア・センターなどと同じものである。心理教育グループにおけるグループワークでは，妥当であると判断された場合，所定の場所（例：教室やグループワークのためのミーティングルーム）以外の場所で実施することもある。ファシリテーター達は，キャリア・サービスへ移動する前に，メンバーと以下のようなディスカッションを行う。

　ファシリテーター達は，メンバー一人一人，時計回りで，キャリアサービスでどんなことが学べるか，どんなことに興味があるか話してもらう（例：どんなプログラムがあるか，アセスメントがあるか，履歴書の書き方のサポートがあるのか，など）。その後，メンバーが，このアクティビティにおいて，どんなことが必要なのかについても，議論をする。

プロセスクエスチョン

　□振り返りとして，キャリア・サービスに着いたら，どんなことを得たいだろうか？

　　キャリア・サービスに到着後は，担当スタッフに60分ほど，キャリア・

第4章　米国でのキャリア意志決定グループについて

サービスのオリエンテーションを行ってもらう。ファシリテーター達は，事前に，キャリア・サービスのオリエンテーションに含んでほしい内容を担当スタッフに通達し，オリエンテーション直前に最終確認を行う。

プロセスクエスチョン

□キャリア・サービスは，あなたにとってどのように役立つだろうか？

□あなたにとって，どんなサービス（プログラム）が，興味深かっただろうか？

□どんなことが，キャリア・サービスからもっと得られたら良いだろうか？キャリアサービスにない場合は，他に，どんな資源があるだろうか？

④フローチャートの発表

　キャリアの心理教育グループにおいて，これまで学んだすべてすべてのものを統合し，メンバーそれぞれが，自分の物語として著していくために，フローチャートの発表を行う。フローチャート・アクティビティは，ホームワークとして，メンバーに完成してきてもらうように指導している（前項参照）が，ファシリテーター達は，グループワークのディスカッション・アクティビティとして，以下のような質問をしながら，メンバーがフローチャートを完成できるようにサポートする。

●フローチャートの進捗状況はどうだろうか？

●フローチャートを完成するためには，どんなことをしたらよいだろうか？

プロセスクエスチョン

□この議論が，どのように役に立っただろうか？

　フローチャートが完成したら，メンバーそれぞれが，その内容について発表を行う。ファシリテーター達やメンバーは，発表者に対してフィードバックを行う。この時，ファシリテーター達は，グループメンバーの人数に応じて，発表時間の上限を決め，あらかじめメンバーに伝えておく。

プロセスクエスチョン

□フローチャートを発表するのはどんな感じだっただろうか？

□このアクティビティは，あなたのキャリア意志決定にどんな風に役に立っ

129

ただろう？

目的　フローチャートの発表は，メンバー達に次の３つのことができるよう
になるために行われる：①自分の意志決定とはどのようなものか，②自身
の意思決定のプロセスのなかで，現在，どこにいるか，③今後未来に向け
てどんなステップを踏んでいけばよいか。加えて，ファシリテーター達や
他のメンバーからのフィードバックを受けて，自分のこれからの方向性に
ついて，評価することができるようになる。

⑤安全なグループの終わり方
　グループが終了する時には，これまでの学びを結晶化し，達成したことを振
り返る必要がある。また，長い間（約２〜４ヶ月），時間を共有し，凝集性や
普遍性の高まったグループに対して，終わることの意味についてしっかりと考
え，終わりが来ることを経験することは，安全なグループの運営において，必
要不可欠なものである。ファシリテーター達は，どのように，グループメンバ
ーが，グループに対して，「さよなら」を言うことができるか，どのようなア
クティビティをメンバーが行いたいかを議論し，メンバーとファシリテーター
の最後の協働作業として，そのアクティビティを実践する。

プロセスクエスチョン
□私達のグループを終結させるのは，どんな感じだろう？
その後，グループの取り組み全体を通して，最後のプロセスを行う。
ファイナル・プロセスクエスチョン
□このグループは，皆にとってどんなものだったろう？
□どんなことが役立っただろう？
□このグループが終わって，あなたの意思決定において，次にどんなことを
する必要があるあだろう？

６．日本と米国のグループワーク比較

　日本とアメリカのグループの大きな違いは，ファシリテーターの訓練と準備

第4章　米国でのキャリア意志決定グループについて

の量にある。アメリカで，グループファシリテーターになるためには，様々な訓練があるが，キャリアカウンセラーを始め，カウンセラーとしてグループワークを行うためには，以下のような知識や能力が訓練項目として要求される。

a.グループカウンセリングとグループワークの基礎理論

b.グループプロセスと発達に関連した力動

c.グループの効果性に影響を与える治療因子

d.効果的なグループリーダーの機能と特徴

e.募集，スクリーニング，メンバー選定を含むグループ形成にあたるアプローチ

f.様々な場面でのグループの実施に影響を与えるグループの種類とその他の懸念事項

g.グループを計画，ファシリテートするための倫理的で文化的に妥当なストラテジー

h.グループメンバーとして，プログラム（カリキュラム）で認定されたスモール・グループのアクティビティに，1学期（4ヶ月）の間に10時間以上の直接的な経験

（CACREP2016スタンダード Section 2:6）

ここで，特に着目しておきたいのが，最後の直接的な経験を必要とするという項目である。グループファシリテーターになるには，少なくても，グループのメンバーとして，グループで経験するファシリテーターの言動やグループの発達，グループの力動が個人にどのような影響を与えるのかを，直接体感する必要があるのだ。この経験無くしては，真の意味で，メンバーの経験に寄り添い，強化することができないであろう。そして，個人のグループの経験こそが，倫理的なグループの運営や実施をすることに非常に重要なのである。米国では，カウンセラーになるために，カウンセリングをまず受けてみることは，強く推奨されていることではあるが，要求されているわけではない。しかし，このグループワークに関しては，メンバーとしての直接的経験が履修条件として定められている。グループワークは，メンバーに与える対人的影響が，個人カウンセリングよりも大きいからだ。

このように，他者に対する繊細な配慮と倫理的な働きは，グループワーク

131

の専門家たちの間で非常に大きな関心を引いている。その1つとして，多文化への sensitivity は，全米グループワーク学会（Association for Specialist in Group Work: ASGW）においても，非常に重要な視点として，議論されている。ASGW では，自己の多様な文化に対する気づき，戦略とスキル，社会正義の唱道の3つの項目からなり，グループワークに携わる者は，様々な文化への配慮が行きわたるように，ガイドラインを設定している（ASGW Multicultural guideline, 2012）。そして，特に重要な点が，文化とは，民族，肌の色や国によって特徴づけられる風習によるものだけでなく，ジェンダー，年代，障害，貧富，職業や職場，各地域の風土など，様々である。

　米国は，移民によって成り立っているといっても過言ではないため，言語や民族，肌の色などが，日本と比べても多様性に富んでいることは事実である。そして，この多様性ゆえに，多文化に対する配慮が日本よりも敏感になったと推察することもできる。しかし，肌の色だけで判断できる文化だけではなく，目に見えない文化に対しても，十分な配慮を示すように推奨されている。日本国内でも，この目には見えない文化の違いは存在する。筆者は，そのような文化の違いに対する配慮を，日本のグループワークに携わるカウンセラーを始め，対人支援者たちにも，格段の注意を傾けて頂きたいと切望する。

　また，近年，特に注目されていることは，ポジティブ心理学や Strength-based アプローチを用いた希望とエンパワーメントである。2018年の ASGW 隔年大会においては，グループワークの中に，自身の目に見えるアイデンティティと目には見えないアイデンティティに対する気づきの中で，ポジティブな面を見つめ，メンバーの生活の中に，希望とエンパワーメントを育む手法に関する発表が多く見られた（Gladding, 2018; Selvaraj, Cave, Ellington, Lim, & Cave, 2018; Stevens, Wilson, Dansby, Sullivan, & Ball, 2018）。

　また，そのようなアイデンティティなど個人の奥深い振り返りを行う際に，文化的な配慮を行う上で，ファシリテーターとメンバーの権威や権力（パワー）の差についても，鋭い洞察が必要となる事にも注目を集めている。ファシリテーターは，グループの運営上，メンバーよりも強力なパワーを有している。このパワーに着目し，分析・概念化するために，Relational-Cultural Theory（Comstock et al., 2008）を実際のグループやグループファシリテーターの

教育に応用する事が，新しい手法として提言されてもいる（Hall & Harper, 2018）。グループに従って，グループメンバーが，互いに対話によって，自他を知り，より奥深い気づきと学びを経験できるようにするには，ファシリテーターの巧みな権威と権限の調整によって，リスクを冒すだけの安全な場を確保することが求められる。

7．終わりに

　グループワークを行う際には，トピックへの専門性を身に着ける以上に，プロセスへとグループの力動に対する鋭い洞察力と倫理的な介入方法が確立されていることが，必要不可欠である。全体として，侵襲性が比較的少ないと見受けられがちなキャリアの面においても，特に倫理的な介入とファシリーテーションとして，様々な文化に対する繊細な配慮は，必要不可欠である。グループには，1人のメンバーと1人のファシリテーターがいるのではなく，その他に多数のメンバーがいる。したがって，グループのメンバーに，自分自身の新たな一面を知るだけでなく，自分自身の人生について語り，発信していくことにもなる。したがって，グループでは，リスクを冒すだけの安全を確保することが求められる。グループワークの複雑さを理解し，メンバー一人一人の紡ぎだす物語に敬意を払い，誠実な心持で，メンバーに接する必要がある事を読者に是非とも理解していただきたい。

【引用・参考文献】

Association for Specialists in Group Work (2000). Professional standards for the training of group workers. ASGW website. Retrieved from https://docs.wixstatic.com/ugd/513c96_af51b0b1fa894b19a9f62bd8826e71c3.pdf(May 29, 2018.)

Association for Specialists in Group Work (2012). Multicultural and social justice competence principles for group workers. ASGW website. Retrieved from https://docs.wixstatic.com/ugd/513c96_617884bff48f45b2827c7afc4e4e5b12.pdf(May 29, 2018.)

Betz, N. E., Klein, K. L. & Taylor, K. M. (1996). Evaluation of a Short Form of the Career Decision-Making Self-Efficacy Scale. *Journal of Career Assessment*, 4(1), 47-57.

Comstock, D. L., Hammer, T.R., Strentzsch, J., Cannon, K., Parson, J., & Salazar II., G.

(2008). Relational-Cultural Theory: A Framework for bridging Relational, Multicultural, and Social Justice Competencies. *Journal of Counseling & Development*, *86*, 279-287.

Council for Accreditation of Counseling and Related Educational Programs (CACREP: 2016). CACREP Standard 2016. Arlington, VA: Author.

Gladding, S. T. (2018). The Positives of Groups: Their Place in Strengthening the Common Good. Keynote presentation at the Association of Specialist in Group Work biannual conference, Savannah, GA.

Hall, B. & Harper, I. (2018). *Teaching Group Counseling from a Relational-Cultural Theory (RCT) Framework*. Educational presentation at the Association of Specialist in Group Work biannual conference (Savannah, GA).

Jones, K. D. & Robinson, E. H. M. III. (2000). Psychoeducational Groups: A Model for Choosing Topics and Exercises Appropriate to Group Stage. *Journal for Specialists in Group Work*, *25*(4), 356-365.

Kline, W. B. (2003). *Interactive group counseling and theory*. River, NJ: Person Education.

Lieberman, M. A., Yalom, I., & Miles, M. (1973). *Encounter groups: First facts*. New York: Basic Books.

Selvaraj, P., Cave, Z., Ellington, R., Lim, A., & Cave, T. (2018). International Students' Group Using Positive Psychology Interventions. *Educational presentation at the Association of Specialist in Group Work biannual conference* (Savannah, GA).

Southern Illinois University. (2015). Career decision making session outline. Unpublished manuscript, Department of Counseling, Quantitative Methods, and Special Education, Southern Illinois University, Carbondale, Illinois.

Stevens, M., Wilson, T., Dansby, V., Sullivan, F., & Ball, B. (2018). Use of Empowerement and Hope While Celebrating Human Diversity in Group Work. *Educational presentation at the Association of Specialist in Group Work biannual conference* (Savannah, GA).

Tuckman, B. W. & Jensen, M. A. (1977). Stages of Small Group Development Revisted. *Group & Organization Studies*, *2*(4), 419- 427.

Yalom, I. D., & Leszcz, M. (2005). *Theory and practice of group psychotherapy* (5th ed.). New York: Basic Books.

第5章

グループ・キャリア・カウンセリング体験の授業実践事例

松尾　智晶

1．はじめに

　本章では，本務校である大学で筆者が担当する科目の，授業内におけるグループ・キャリア・カウンセリング体験ワークショップの実践について報告する。筆者は共通教育の専任教員であり，教養科目（本務校では共通教育科目）にふくまれるキャリア形成支援教育科目を担当している。この実践は第１章で説明されているグループワークの分類（ASGW，2000，表5-1）におけるグループ・カウンセリングの要素をもつ，キャリアをテーマとしたワークショップをあるツールを用いて授業時間90分以内に行ったものである。具体的にいえば，１クラス50名前後の受講生を 10 のグループに分け，１グループを３〜５名の小集団としてファシリテータ（国家資格キャリアコンサルタント所持者）がグループ進行を，教員が全体進行を担当した。その際に用いたツールが，特定非営利活動法人日本キャリア開発協会（以下，JCDA）が発行する「人生すごろく『金の糸』」である。そして，このツールは，筆者の本務校で開講している，キャリア形成支援教育科目の中の課題解決型授業（Project Based Learning）を通じて，受講生が原案を開発したものである。

　ワークショップの後に，受講生を対象に本務校が採用している学習支援用のウェブシステムを用いた調査を行っている。今回は 2017年度，2016年度の合計４クラスのうち，177名から有効回答を得た。結論からいえば，このワーク

表5-1　グループワークの分類とグループ・キャリア・カウンセリング（P.15 より再掲）

タイプ	ゴール	リーダーの役割	人数	例
タスクグループ	特定の測定可能なゴール確立されたプロセスの効率改善	アジェンダと目標の設定を容易にする グループを設定した目標の達成に導く グループの集中力を維持させる 組織の診断や評価を提供できる	12～15名	任意の委員会 ほとんどのミーティング（職員会議など）
心理教育グループ	特定のスキル不足の是正	能力不足を特定し，不足に対処するカリキュラムを設定する 新しい情報を伝え，新しいスキルを習得できるようにする	12～18名 ※これ以上だと実施が困難	子育てグループ 生活スキルグループ DV予防グループ
カウンセリング・グループ	予防，個人的成長，対人関係と自己の気づき	対人関係と自己のパターンを照らすための今ここでの相互作用を促す	8～12名	任意のプロセスや自己成長グループ（ただし，スキル不足に焦点を当てない）
精神治療グループ	深い心理的な問題や障害の治療	問題あるパーソナリティのパターンを探索し再構築する	8～10名	精神科や外来診療機関に属しているほとんどのグループ

（左側に「グループ・キャリア・カウンセリング」の表記）

ショップには肯定的な効果がみられた。受講生の満足度は非常に高く，「大変良かった」「良かった」との回答が98.3％であり，感想の内容を具体的にみると「キャリアの多様性を実感できるようになった」が88.7％，「自分の価値観が事前より明らかになった」が53.1％，「他の人のキャリアに対する関心が高まった」が52.5％であった。さらに，実施の前後で自身のキャリアに対するとらえ方が大きく変化し，自分のキャリアを「良い」「まあまあ良い」とする回答は実施前の30.5％から実施後には70.2％へと倍増した。さらに，実施の際にファシリテータが受講生に与える影響も明らかとなった。次節以降で，ツールの紹介と実践について述べる。

2．グループ・キャリア・カウンセリング体験ツール「金の糸」の開発

前節で述べたように「金の糸」というツールは，筆者の本務校で開講されている課題解決型授業O/OCF-PBL 2（On/Off Campus Fusion-Project Based

第5章　グループ・キャリア・カウンセリング体験の授業実践事例

Leaning 2）という科目で，2012年度に JCDA が課題提供団体として授業に協力されたことからうまれた。提示された課題「大学生向けのキャリア・カウンセリング体験プログラムを開発せよ」に，筆者が担当したクラスの2年生9名と3年生1名が約半年間取り組み，原案を開発したものである。授業修了後にJCDA が内容を精査改善されて商品化となり，現在も一般販売されている。これらの経緯は，JCDA の HP で以下のように説明されている。

　JCDA では，この度，自己探索ツールとして，人生すごろく「金の糸」〜golden thread〜を開発いたしました。就職活動において学生が相談したいこと NO.1 は，「自分のことがわからない」というものです。本商品は，このような学生が取り組みやすいよう，ゲーム形式で楽しく自己理解を支援いたします。

　京都産業大学の実践的課題解決型教育（Project Based Learning）の授業において，JCDA が提示した課題「大学生の視点を活かす，キャリア・カウンセリング体験ワークショップ開発」に取り組んだ学生たちが，本商品の原案となる自己探索ツールを考案しました。

（出典：日本キャリア開発協会HP https://www.j-cda.jp/jcda_teaching_materials.html）

授業概要と活動については，「金の糸」商品化にあたって京都産業大学とJCDA が共同でプレスリリースと記者説明会をおこなった際に，学生が作成した配付資料から抜粋する。

　京都産業大学では，実践を通して「前に踏み出す力」「考え抜く力」「チームで働く力」といった「社会人基礎力」を養うキャリア形成支援プログラム「O/OCF-PBL」を行っています。受講生は，企業などから提供される課題にチームで挑戦する実践指向型の課題解決（PBL：Project Based Learning）を通して，大学での学びの成果を実社会で活かす力を養います。

　キャリアカウンセリング（※）の資格発行・普及事業を手掛ける「特定非営利活動法人 日本キャリア開発協会（JCDA）」からの課題「大学生の

137

視点を活かす，キャリアカウンセリング体験プログラム開発」に取り組んだ私たち学生チーム10人（当時2年次生・現在3年次生9人，当時3年次生・現在4年次生1人）が，2012年4月から9月まで，学生へのアンケートや進路センタースタッフへのインタビュー，本学・他大学の学生や企業等でのトライアルを重ねて「人生すごろく」の原案を考案しました。

　この課題に取り組んだ学生はほとんどが大学2年生で，ようやく大学生活1年目を終え，就職活動もまだ先という時期であった。さらに10名全員が，キャリア・カウンセリングということばを知らなかった。そのままではプログラム開発が不可能なため，キャリアカウンセラーでもある筆者が10名全員を対象にキャリア・カウンセリングを行った。そして，経験した後の学生のコメントを集約すると，次のようであった。

a 「キャリア・カウンセリングは，カウンセラーが〈あなたはこれに向いている〉〈あなたはこういう特徴がある〉と教えてくれるものだと思っていたが，実際は自分が語るものだとわかった。過去の自分をふりかえって，自分で自分のことを語り，将来の自分を考えることであった。」
b 「こんなに自分のことを話したのは，久しぶりというか，初めてかもしれない。しかし，話せて気持ちが落ち着いている，すっきりしている。気持ちが晴れた感じである。」
c 「自分のキャリアはたいしたことがないと思っていたが，話しているうちに，大切なもののように思えた」

　クラスメンバーは女子3名男子7名であり，全員が共通して，話すことによる自己開示が苦手な傾向があった。しかし，自分のことを話すのが苦手な彼ら彼女らだったからこそ，【自分のキャリアを語りやすい】ツールを開発できたといえる。そしてこれは，Gergen（1999）が挙げた社会構成主義の4つのテーゼのうち「私たちは何かを記述したり説明したり，あるいは別の方法で表現したりするとき，同時に，自分たちの未来をも創造している」を具体化したアイディアともいえる。考案までのプロセスも，先述の記者説明会資料に記され

ているので，以下抜粋する。

●「人生すごろく」にたどり着くまで

学生に対するアンケートや進路センターへのインタビューなどの調査活動を通じて，現在の新卒の3年以内の離職率が高く，「企業と学生のミスマッチ」が多く発生していることが分かりました。理由として，自己分析・自己理解の不足があるのではないかと私たちは考えました。

さらに，「キャリア＝仕事や職歴」ではなく，「キャリア≒ライフキャリア＝人生」ととらえ，自らの未来のキャリアへのヒントは自らのそれまでのキャリアの中にあると考えました。また，実際にキャリアカウンセリングを体験した際，キャリアカウンセリングの核が「過去をふりかえり未来へつなげる」「経験や思いの言語化」「"気付き"を得る」の3点であることを理解しました。私たちはそれを再現できるツール，気軽に楽しく自己分析・自己理解できるツールとして，人生すごろくの形式を考案しました。

（太字は原文ママ）

後にメンバーのうち1名は，大学入学前から関心を向けていた職業専門性を習得する学校へ転籍した。文字通り「キャリアチェンジ」を果たしたのである。

学生たちの開発した原案がツールとして開発され「金の糸」と命名されたのは，彼らの考えだしたキャリア・カウンセリング体験プログラムが，社会構成主義キャリア・カウンセリングの要素をもっていたことに依る。すなわち，これは語り・言語化を通した個人と他者や環境との相互作用を重視しており，クライエントは能動的な態度で自らの内面にある価値観と向き合い，キャリアカウンセラーは専門性を活用しながらファシリテータとしての役割も果たすのである。自己による省察と，他者との協働による省察によって，自分が何者であり自分を取り巻く環境や他者との関係，これまでのキャリアはどのようであったか，という知の再構成を果たす社会構成主義キャリア・カウンセリングを，このツールを活用したゲームで実践することが目指されている。

また，学生たち自身も，他者や環境との関わりを通じて自らの考えを深め，省察し，表現し続けながら，「金の糸」の原案を構成し，開発するに至った。

●活動年表

年月日	活動	成果
2012年4月19日	JCDAより課題説明を受ける	
4月30日	作業効率化のため班を分ける	
5月7日	アンケート調査の企画が挙がる	
5月15日～6月4日	本学進路センター職員を対象にしたアンケート・インタビュー	就活の実態やキャリアカウンセリングについて知る。
5月16日	松尾准教授によるCDA講座およびグループカウンセリング	キャリアカウンセリングを実際に体験する。
5月24日	プログラム素案を3つ作成。	
5月24日～28日	本学学生を対象としたアンケート実施	キャリアについての認知度の低さの実感
6月7日	JCDA向け中間発表	素案についての意見をいただく
6月14日	人生すごろく形式のプログラムを詰めていくことを決定	
7月2日	本学 森村ゼミにてプログラムの実施	ゲーム形式であることで，話が盛り上がることが判明
7月18日	京都精華大学 筒井ゼミにてプログラムの実施	プログラムの詰めの甘さに気づく
7月21日	日本産業カウンセラー協会 関西支部へプログラムを紹介し，意見交換	プログラム自体の発想の良さの評価をいただいた。
8月15日	町家スタジオにて若年層に向けてプログラムの実施	自らの過去を話しやすいプログラムであると実感
8月27日	(株)リンクアンドモチベーションにてプログラムを紹介，意見交換	汎用性の高いプログラムであることがわかった。
8月28日	JCDA，(株)きちりにてプログラムを紹介し，意見交換	実用性の高いプログラムであると評価をいただく。
9月15日	O/OCF-PBL授業全体の最終報告会	優秀賞受賞
2013年	JCDA内で検証・開発が行われる	
2014年3月10日	JCDAより「人生すごろく」発売	
3月11日（予定）～	人材教育などに熱心な企業に「人生すごろく」を持ち込み意見交換	

彼らが能動的に考え行動してゆくさまは，まさにその時期のキャリア形成のありようそのものであり，授業終了時には各自それぞれの成長がみられた。

3.「金の糸」を活用したグループ・キャリア・カウンセリングの授業実践

本節では，授業実践と受講生（以下，参加者）調査の結果について述べる。筆者は2016年度から本務校におけるキャリアデザイン系の正課科目授業において，当該ツール「金の糸（図5-1）」を用いたグループ・キャリア・カウンセリングの実践を行っている。

科目の概要は，以下のとおりである。

科目名：「自己発見とキャリア・プラン」
　　　　　　※2018年度より「自己発見とキャリアデザイン」に改変
対象学部：全学部（理系３学部，文系６学部）
対象学年と受講生数：３，４年次生，約40名／クラス
開講クラス：春学期２クラス，秋学期２クラス
教育目標
＊自分を取り巻く環境と自己を理解した上で自分の方針を決定し，キャリア・プランニングを実践できる
＊将来働き・暮らすのに必要な知識・技能・態度を獲得し，キャリア形成に意欲的になる
＊自分自身および自分に活用できるキャリア理論を理解して，自己の意思決定に基づくキャリア形成ができる
＊自分から環境（周囲）に働きかける態度，周囲の他者を受入れようとする態度，周囲の他者と共生しようとする態度を実践できる
　　　　　　　　　　　　　（出典：2017年度京都産業大学シラバスより）

当該科目において，「金の糸」というツールを活用したグループ・キャリ

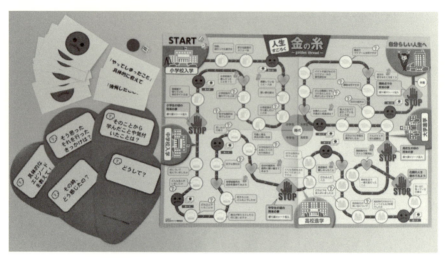

図5-1 金の糸 商標登録第5683318号

ア・カウンセリング体験ワークショップを導入した目的は2つある。1つは，グループ内の参加者同士が相互に自分のキャリアを語りあうことで<u>自他のキャリアのありようを共有し，受容し，肯定的にとらえること</u>。もう1つは，<u>キャリア形成に対する自主的・能動的な態度を獲得する</u>ことであった。

授業は90分間であり，以下のスケジュールで進めた。
1）教員のオリエンテーション：クラス全体で進行（5分）
2）グループ内自己紹介とワークシート説明：グループで進行（10分）
3）ツールを用いたワークショップ：グループで進行（70分）
　※2）と3）は，概ね1つのグループに1名のファシリテータがつく
4）感想の共有とまとめ（5分）：クラス全体で進行

ツールの特徴については，以下の4点が挙げられる。
1）【参加者が協働でゲームを進行する】
基本的には参加者4名でプレイするすごろくであるが，盤上を進むコマは1つしかない。
2）【共通の話題を通じて，自己と他者のキャリアの同じ点と違う点を実感す

第5章　グループ・キャリア・カウンセリング体験の授業実践事例

る】

　小学校，中学校，高等学校，大学の学内外の生活テーマが盤上のマスに書か
れており，サイコロをふってコマがとまったマスのテーマについて参加者全員
が話す（例：小学校のときの習いごとは何ですか？　好きだった科目は何です
か？　中学校のときの趣味は？　進学先をえらぶポイントは何でしたか？　等）。
3）【自己選択できる余地のある参加型ゲームである】

　ネガティブな経験を話すコマでは話したいテーマがでるまで話題カードを選
んだり，誰かの話に対して質問できる，というカードも用意されている。
4）【自己理解の深化を促す工夫がある】

　各学校の卒業時にある『STOPマス』で強制的にコマを止め，語りから明ら
かになった自分の価値観「金の糸」と将来の夢をワークシートに書き込む。

　授業運営の工夫については，以下の3点が挙げられる。
1）進行役のファシリテータとして，キャリア形成やカウンセリングに理解が
　　深い国家資格キャリアコンサルタントの協力を仰いだこと。
　　（ねらい）グループ内の参加者同士の信頼関係を早期に醸成することと，安
　　　心して自己のキャリアを話し合い，受容しあう相互関係の促進。
2）ファシリテータに参加者の発言をわかりやすく要約したり，肯定的な反応
　　を返す，短い質問を投げかけるなどの進行を心がけてもらったこと。
　　（ねらい）参加者が発言しやすく，参加者同士が反応しあいやすい場の醸成。
3）スクール形式の教室ではなく，可動式円形テーブルのある学習スペースで
　　あるアクティブ・ラーニング用施設『ラーニング・コモンズ』を活用した
　　こと。
　　（ねらい）参加者の受動的ではなく能動的な受講態度の促進，主体性の発揮。
　　これらの工夫の結果，通常は2時間以上かかる当該ツールによるワークシ
　　ョップを90分間の授業内で実施し，一定の効果を挙げることができた。

　ところで，本書第1章では，グループ・カウンセリングの以下の3つの効果
が紹介されている。

143

①自己探索と自己を再定義する機会(「私」)であり,
②他者について知る機会(「あなた」)であり,そしてこれらを通じて,
③対人関係の気づきを促して現実検討をする機会(「私たち」)である
(Berg, Landreth, Fall (2018))

授業では実際に,参加者が自分についてふりかえり,とらえ直しをする様子,他者のキャリアを聴いて関心をもつ様子,そしてグループ内の関わりあいを通じて今の自分と向き合っている様子がみられた。

以下は,共通教育キャリア形成支援教育科目「自己発見とキャリア・プラン(3,4年生対象)」で,「金の糸」を用いたグループ・キャリア・カウンセリング体験ワークショップを実施した授業回の受講後において実施した,ウェブシステムを用いた受講生調査の結果である(図5-2,表5-2)。2016年度と2017年度の春・秋学期,合計4クラスの回答結果を合計し,有効回答数の合計は177名であった。数字の結果に加えて,学生の感想をいくつか紹介する。これは,

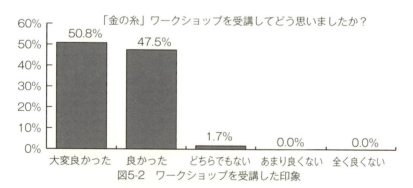

図5-2 ワークショップを受講した印象

表5-2 ワークショップを受講した印象

回答	割合	実数
大変良かった	50.8%	90
良かった	47.5%	84
どちらでもない	1.7%	3
あまり良くない	0.0%	0
全く良くない	0.0%	0

第5章　グループ・キャリア・カウンセリング体験の授業実践事例

グループ・キャリア・カウンセリング体験ワークショップを活用した目的である「自他のキャリアのありようを共有し，受容し，肯定的にとらえる」「キャリア形成に対する自主的・能動的な態度を獲得する」に関連するものと，多くの学生が類似の回答をしたものとした。

【受講した印象】
98.3％と，ほぼ全員が「大変良かった」「良かった」と肯定的な回答をよせた。また，感想ではグループ内の人間関係が受容・共感的なものになっている様子，その結果自分のキャリアについて肯定的にとらえたり，他者のキャリアに関心を向けている様子がうかがえた。

【参加者感想】
a お題目ごとに話が盛り上がりとても楽しかったです。グループのメンバーも優しく，私の発言に相づちを打ってくれたり，肯定的な感想を言ってくれました。

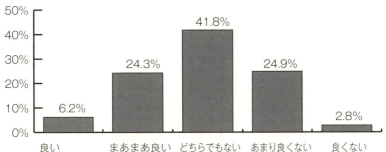

図5-3　自分のキャリアの印象（受講前）

表5-3　自分のキャリアの印象（受講前）

回答	割合	実数
良い	6.2%	11
まあまあ良い	24.3%	43
どちらでもない	41.8%	74
あまり良くない	24.9%	44
良くない	2.8%	5

b 小学生のことなんか振り返って何になるのかと思っていましたが，中高，大学と自分を見直していくうちに自分の価値観の共通点が見つかって，自分を見つめ直すとてもいい機会になりました。
c 実際に働く人の意見や自分と同じ学生同士でどんな学生生活を過ごしていたか知り，学ぶことができた。

【自分のキャリアの印象】
　受講前と受講後で顕著な変化がみられた（図5-3，5-4，表5-3，5-4）。選択回答をみると，「良い」「まあまあ良い」が，30.5％から71.2％へ倍増し，「あまり良くない」「良くない」が27.7％から7.4％へと3分の1以下に減少した。さらに，「どちらでもない」が41.8％から21.5％に半減している。自分のキャリアについて曖昧な思いや否定的な思いをもっていた参加者が，肯定的に捉えられるように変化したことがうかがえる。

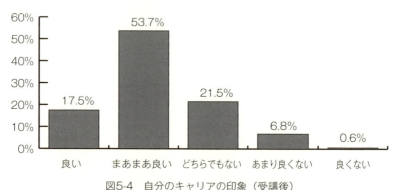

図5-4　自分のキャリアの印象（受講後）

表5-4　自分のキャリアの印象（受講後）

回答	割合	実数
良い	17.5%	31
まあまあ良い	53.7%	95
どちらでもない	21.5%	38
あまり良くない	6.8%	12
良くない	0.6%	1

第5章　グループ・キャリア・カウンセリング体験の授業実践事例

　また感想では，受講前は自分のキャリアはたいしたことがない，特にこれまで過去をふりかえることはなかった，自分のキャリアを考えたことがなかった，という否定的・消極的な回答が大半を占めたが，受講後には，人それぞれの経験をしているとわかった，様々な良い経験をしていると自信がもてた，将来の方向性を定めていきたいと思った，などの肯定的・能動的な回答が多くみられた。いっぽうで，話してみてもあまり印象は変わらなかった，やはり自分は経験が少ない，などの回答もみられた。

【参加者感想】（受講前）

a 自己理解が出来ておらず，自分には取り柄がないと思っていました。

b 強みがあまりなく自分に自信がない，大したことがない。

c 特に考えたことがありませんでした。

【参加者感想】（受講後）

a どの人生も素晴らしいと思った。人それぞれの経験があり，昔よりも確実に成長をしていると感じた。

b 受講前は，自分の決めた進路に向かって進むだけだと思っていたが，金の糸をすることによって自分がなぜそう思うようになったとか，実は昔こういう仕事がしたかったなということが思い出せてさらに今後のキャリアについて見直す機会となった。だからこそ，もう一度最初からキャリアを見直そうと思った。

c 思い返してみると，真面目にやってきたなと思った。辛い事も沢山あったけど，多くの事を得ていたなと思ったし，他の人にはできないような経験もしていたので，これからも頑張りたいと思った。

【ワークショップを通じて感じたこと】

　複数選択可の設問に対して，最も多かった回答が「キャリアは人それぞれで多様だと感じた」88.3％であった。さらに，約半数は「自分の価値観が事前より明らかになった」53.1％，「他の人のキャリアに対する関心が高まった」52.5％，「自分のキャリアを振り返り，価値があるものだと感じた」45.2％と回答し，自己理解が深まり，自己と他者のキャリアに関心を向け，価値を感じている様子がみられた。特筆すべきは「特に感じたことはない」の回答が0だった

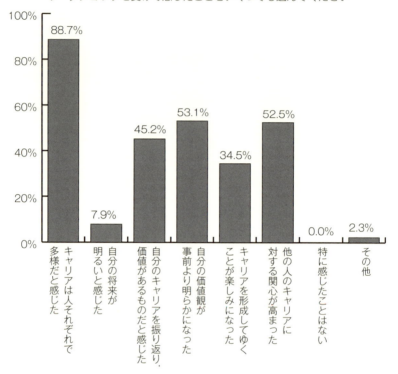

図5-5　ワークショップを受けて感じたこと（複数回答可）

表5-5　ワークショップを受けて感じたこと（複数回答可）

回答	割合	実数
キャリアは人それぞれで多様だと感じた	88.7%	157
自分の将来が明るいと感じた	7.9%	14
自分のキャリアを振り返り，価値があるものだと感じた	45.2%	80
自分の価値観が事前より明らかになった	53.1%	94
キャリアを形成してゆくことが楽しみになった	34.5%	61
他の人のキャリアに対する関心が高まった	52.5%	93
特に感じたことはない	0.0%	0
その他	2.3%	4

第5章　グループ・キャリア・カウンセリング体験の授業実践事例

ことである。今回の試みが，参加者に何らかの心的効果を与えていることがうかがえる（図5-5，表5-5）。

【参加者感想】

a 人はそれぞれ全く別の人生を歩んできたのになぜか自分の人生と似ている部分や共通の考え方をしていることがあってとても不思議に感じました。他の人のキャリアを聞くことによって感心する部分があり，良い刺激になった。

b 人それぞれ歩んできた道も異なれば考え方も違うので，これからの就活も自分にあった道を進みたいと考えた。

c キャリアはとても奥が深いものだと感じました。自分だけでなくほかの人のキャリアを知ることのおもしろさに気づいた。

4．考察・対面式のキャリア・カウンセリングとグループ・キャリア・カウンセリングの違い
—授業実践において，ファシリテータが与える影響—

対面式の1対1のキャリア・カウンセリングと，今回の「金の糸」を用いたグループ・キャリア・カウンセリングの違いは，いうまでもなくクライエントにあたる参加者が複数人いることである。そして，彼らにかかわる者として前者はクライエントに対するカウンセラー1名であるが，後者は参加者に対するファシリテータと他の参加者がいるため，そこには，相互作用がうまれる。大学生のキャリア・カウンセリングで感じることは，彼らが正解をもとめる傾向が強いことである。自分がどう感じるか，どうしたいかではなく，相手に対して何を感じるといえばよいのか，どうしたいといえばよいのか，正解と評価されるのか，に意識を向ける傾向がみられる。それを早く払拭して自己開示できる者とそのことに時間がかかる者がおり，後者はキャリア・カウンセリングがなかなかすすまない。これらの要因としては，学生が教員や周囲の大人からの外的評価を基準として意思決定してきたことで，それに過剰適応している可能性が考えられる。しかし，今回の試みでは学生の意識はファシリテータだけではなく，他の参加者にも向いていた。その結果，ファシリテータを意識する傾

149

向が薄れ，「正解」をいわなければならないという心的圧力が軽減されて多く
の学生が円滑に自己開示し，自己と他者のキャリアを省察することができてい
たと考えられる。

　ファシリテータには，当日授業前に1時間の説明時間をとり，あらかじめ
学生配布用のレジュメを配布して，授業のねらいと参加者への関わり方につ
いて理解したうえで授業に臨んでもらった（章末の参考資料を参照）。このこ
とは，グループ・カウンセリングにおけるカウンセラーの役割として Ohlsen
（1970）が示した，以下の内容における②，③，④の実践をある程度担保して
いたといえる。

---

①相互に治療的影響力を及ぼし合う見込みのあるクライエント（メンバ
　ー）を選択する
②彼らの「変化したい」という欲求の有無を見極め，彼らがどんな行動を
　示せば援助的な動きになるのかということを説明してそれを強化する
③クライエント相互の様々なやり取りに注目して，それに反応しながら注
　意の焦点を話し手に向けていく
④言語的な相互作用ばかりでなく非言語的な相互作用にも心を配り，それ
　を治療的に活用するとともに，クライエントたちにもそうすることがで
　きるように教える

【ファシリテータの印象】

　81.4％の受講生が，ファシリテータの存在を「良かった」と評価し，その理
由として「話しやすい場の醸成」「見守る立場の人がいることの安心感」が挙
げられていた。個別の感想としては，適切な問いかけで話しやすくした，わか
らないことがあったり困ったときに話を整理するなどのフォローがあったなど
が挙げられ，受講生の話に関心をもつ態度でグループ内の相互作用を促進した
り，安心感を与えていた様子がうかがえた。またファシリテータが社会人であ
ることから，キャリア形成や就職活動に関する質問に対して答えることで，受
講生の不安軽減にも効果があったようである（図5-6，表5-6）。

第5章　グループ・キャリア・カウンセリング体験の授業実践事例

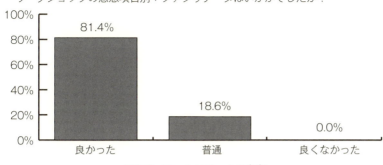

図5-6　ファシリテータの印象

表5-6　ファシリテータの印象

回答	割合	実数
良かった	81.4%	144
普通	18.6%	33
良くなかった	0.0%	0

【受講生感想】

a グループメンバーが初対面だったので初めは話しづらく感じていたけど，わかりやすく説明していただいたり，それぞれの話に質問したり，一言添えて下さったので話を進めやすかった。

　話を聞くことが上手く，話しやすい状況を作ってくれた。自分のことを一切話さないというのは大人でも難しいと思うが，それを全うするというのはすごいと思う。

b 学生だけじゃなかなか広げられない会話も，ファシリテータの方がいらっしゃるおかげで，楽しく会話ができた。また，全然知らない人ということもあり，聞きづらいところも1人監視してくださっている人がいるだけで，ほかの人の過去も聞けて良かったと思う。

c 話をうまく引き出してもらったりグループを盛り上げてもらったり，就活についても，とても親身に相談に乗って頂けたのでとてもタメになりました。

151

5．まとめ——グループ・キャリア・カウンセリングの授業実践に係る課題

　本章では，大学の共通教育科目の授業内におけるグループ・キャリア・カウンセリング体験ワークショップの実践について報告した。最後に，実践の効果のまとめと課題について述べる。

　まず，受講生調査の結果から，本書第1章で高橋が述べているグループ・キャリア・カウンセリングの効果の中の，自己理解と対人関係の態度の向上，進路やキャリアに対する自己効力感の向上，キャリアや将来に対する不安の軽減がみられた。これは，当該科目の授業でグループ・キャリア・カウンセリングを実践する目的に挙げた「グループ内の学生同士が相互に自分のキャリアを語りあうことで，自他のキャリアのありようを共有し，受容し，肯定的にとらえる」「キャリア形成に対する自主的・能動的な態度を獲得する」がある程度達成できたことを示している。さらに，高橋が挙げた，参加者のキャリア発達上の問題や課題に沿ったプログラムを用意する，という前提条件についても，参加者のほぼ全員が卒業後の就職を希望する3年次の受講生であったため一定程度を満たしていたといえる。以上のことから今回の実践をつうじて，大学の授業でグループ・キャリア・カウンセリングを実践することの有効性が示されたといえる。また，大学生にとってキャリア・カウンセリングやグループ・キャリア・カウンセリングを経験する機会は少ないため，今回の実践は今後さらに改善を加え，大学の授業内実践として発展させていくことが望ましいと考える。

　一方で，今後の課題としては，効果を維持するための参加者に対するフォローアップが不足していること，ファシリテータがグループ・ダイナミクスの理解などグループ・カウンセリングのリーダーとしてのトレーニングを十分受けていない点が挙げられる。フォローアップは，残りの授業内容がキャリア形成に資するものであることから，ある程度の役割は果たせていると想定されるが，十分とはいえない。また，ファシリテータは国家資格キャリアコンサルタントであり，キャリアコンサルティング（キャリア・カウンセリング）に関しては一定の知見と経験が保証されているものの，グループワークやグループ・カウンセリングのリーダー，ファシリテータとしての訓練は，今回実践できていな

い。また，授業内での実施は参加者の自発的な参加意志が尊重しにくい点も課題として挙げておきたい。自らのキャリア形成に関心をもつ学生が受講する科目であるという前提はあるものの，大学の授業である以上，単位取得を目的として受講している者がふくまれることも否めない。その場合，グループ・キャリア・カウンセリングを「自ら受けたいと思っていない」にも関わらず，参加した者もいると想定されるため，授業内での実践に対する効果に疑問符がつく。しかしながら，本人の意志を尊重し，授業内実践の参加を自由にすると，その回は欠席となり学習時間が確保できなくなるという問題が発生する。これらの複数の課題については，今後も実践と研究を通じて検討を重ねていく必要があると考えられる。

【引用・参考文献】

ASGW (2000). ASGW professional standards for the training of group workers. *The Journal for Specialists in Group Work*, *25*, 237-244.

Berg, R. B., Landreth, G. L., Fall, K. A. (2018). *Group Counseling: Concepts and Procedures* (2nd ed). New York: Routledge.

Gergen, K. J. (1999). *AN INVITATION TO SOCIAL CONSTRUCTION*. Sage Publications of London. Thousand Oaks and New Delhi.

（ガーゲン，K. J. 東村知子（訳）（2004）．あなたへの社会構成主義　ナカニシヤ出版）

木村周（2016）．キャリアコンサルティング理論と実践 4訂版　雇用問題研究会

McNamee, S. & Gergen, K. J. (1992).*Therapy as Social Construction*:Sage Publication Ltd.. English Agency,Inc.,Tokyo.

（マクナミー，S. ガーゲン，K.J.（編）野口雄二・野村直樹（訳）（2014）．ナラティヴ・セラピー　社会構成主義の実践　金剛出版）

Ohlsen, M. M. (1970). *Group Counseling*. Holt, New York: Rinehart and Winston, Inc.

（オールセン，M. M. 伊東博（訳）（1972）．グループ・カウンセリング　誠信書房）

労働政策研究・研修機構（編）（2016）．新時代のキャリア・コンサルティング
——キャリア理論・カウンセリング理論の現在と未来——　独立行政法人労働政策研究・研修機構

Savickas, M. L. (2011).*Career Counseling* :the American Psychological Association.

（サビカス, M. L.日本キャリア開発研究センター（監訳）乙須敏紀（訳）（2015）.
　サビカス　キャリア・カウンセリング理論〈自己構成〉によるライフデザイン
　アプローチ　福村出版）

White, M. (2007). *Maps of a Narrative Practice*. :W.W. Norton & Company.
　（ホワイト，M. 小森康永・奥野光（訳）（2009）. ナラティブ実践地図　金剛出
　版）

立野了嗣（2017）. 「経験代謝」によるキャリアカウンセリング　晃洋書房

渡部昌平（2016）. はじめてのナラティブ／社会構成主義キャリア・カウンセリング
　川島書店

渡部昌平（編著）（2017）. 実践家のためのナラティブ／社会構成主義キャリア・カウ
　ンセリング　福村出版

第5章　グループ・キャリア・カウンセリング体験の授業実践事例

参考資料
1.学生配布用レジュメ（進行説明）：筆者作成

2017年4月

自己発見とキャリア・プラン　第3回

1．本日のテーマ　「自分のキャリアのふりかえり②」
　（目的）　人生すごろくゲーム「金の糸」を使って、小学校〜これまでの自分の経験を言葉で語り、その一つ一つの経験をつないでいる自分らしさ（価値観）を見つけます。経験を他の人に改めて言葉で表現することで、自分のこれまでの意思決定の仕方を確認したり、将来進みたい方向ややってみたいことを考えるヒントにします。また、就職活動では、エントリーシートや面接の準備をするときにも重要な手がかりになるかもしれません。このゲームでは、過去から未来に向かってこの"自分らしさ"をつないでいるものを大切な１本の糸という意味で「金の糸」と表現しています。

2．はじめる前に
　本日はファシリテーターとして、「国家資格キャリアコンサルタント」の方々にお越しいただいています。
　「キャリアコンサルタント」とは、職業の選択や職業生活設計、職業能力の開発や向上に関する相談に応じ、助言や指導を行う専門家のことです。皆さんのテーブルの近くに居ていただきますので、本日のワークについて疑問や質問があれば遠慮なく尋ねてみてください。

3．やり方　　　ワークの時間は＿＿時＿＿分　までです。
　（1）　４人１組に分かれ、テーブルに着席（3人グループのところもあります）
　（2）　グループ内で簡単に自己紹介してください。
　（3）　１分ほど時間を取り、裏面の「ルールと手順」をよく読んで、始めてください。
　（4）　すごろくは時間内に行けるところまで行ければいいですが，できるだけ高校時代までは進むように工夫しましょう。

4．大切な約束
　（1）　自己理解を深めるためのゲームです。テーマについては 差し支えない範

囲で話しましょう。
(2) この部屋で聞いた内容については、「守秘義務」を守りましょう。
(3) 人が話しているときは「うなずき」「あいづち」等の反応を返して、話しやすくしましょう。

5．ルールと手順

(1)ゲームのゴールとコツ

　自分らしさ（価値観）を言葉で表し、それを表す具体的な経験を語れるようになることがゴールです。早く「上がる」ことがゴールではありません。自分らしさを見つけるためには、ある出来事に対して自分がどう感じたか、どう考えたか、どう行動したかをできるだけ詳しく話そうとしてみてください。

　また、全員が同じテーマについて話しながら進めますので、人によって経験や考え方、ものの見方が異なり多様であることも味わってみましょう。

(2)ゲームの手順
①１番にサイコロを振る人を決める（その後は時計回りに振る）
②サイコロの目だけコマを進め、止まったマスのテーマを全員で話す（サイコロを振った人から話す）
③全員がひとつのテーマを話し終わったら、次の人がサイコロを振って以下同様に進める

(3)ゲームのルール

STOPマスが来たら……
・サイコロの目がいくつでも必ず止まります
・各年代を全体的にふりかえり、ワークシート（別紙）に記入しましょう
・ボードに書いてある「将来の夢」については今回は記入しなくて構いません。

ブルーマスに止まったら……
ブルーマスカレードを１枚引いて、書かれているテーマについて話します。どうしても話したくないテーマの場合は、再度カードを引いてください。

ハートのマスに止まったら……
メンバーが発言したら、グループ全員で拍手をしましょう。

「？」マスに止まったら……
コマに書かれているテーマについて答え、その上で次に話す人が５種類のアンサーボードの中から１つ選び、質問します。

6．授業終了後

授業終了後は moodle にアップされているシートに記入，提出してください。

2.学生配布用ワークシート（自己理解の深化）：筆者作成

2017年4月

自己発見とキャリア・プラン　第3回　「自分のキャリアの振り返り」
　　～自分のキャリアを丁寧に振り返り、重視している価値観をグループワークで明確化する～

受　講　生　用　ワ　ー　ク　シ　ー　ト（STOPマス記入シート）

グループ番号		氏名		ファシリテータ氏名

「金の糸」の進め方
・順番にサイコロを振って1つのコマを進め、止まったマスのテーマを全員が話していくゲームです
・自分の経験・キャリアを振り返り、他の人に言葉で表現してゆく中で、自分の価値観を明らかにします。話は肯定的に受け止め、疑問や質問をすることはよいですが、否定の気持ちは横においておきます
・全員で語り合い、経験・キャリアや価値観、ものの見方が多様であることを味わいましょう

小学校

印象に残った出来事・エピソード	私の「金の糸」：価値観、大事にしている考え方

中学校

印象に残った出来事・エピソード	私の「金の糸」：価値観、大事にしている考え方

高校

印象に残った出来事・エピソード	私の「金の糸」：価値観、大事にしている考え方

大学

印象に残った出来事・エピソード	私の「金の糸」：価値観、大事にしている考え方

お疲れ様でした。このシートは、受講生が各自もちかえって、今後のキャリアプランに活かしてください

おわりに

　キャリア・カウンセリングにおけるグループアプローチの技法や注意点を分かりやすく解説するため，本書では解決志向アプローチやナラティブ・キャリア・カウンセリングなど各種技法の説明は最小限に省いていますし，正直に申し上げますとグループ・カウンセリングに関する説明も一部は省かざるを得ませんでした。ナラティブ・キャリア・カウンセリングは，従来の傾聴中心のカウンセリングに比べると質問やワークを多用するためクライエントが自主的・積極的にカウンセリングに参加するようになり，グループアプローチにも向いた，未来志向で効果的・効率的な技法です。一方で「目的意識がないと，雑談になりやすい」「自信がないクライエントの場合，短時間に終結するとは言えない」という面もあります。ナラティブ・キャリア・カウンセリングの詳細あるいはグループ・カウンセリングに関するさらなる情報につきましては，ぜひ各章末の参考文献などもご参照ください。

　実はグループアプローチ自体，「目的意識がないと，雑談になりやすい」「問題が深いと，場が重くなりやすい（議論が進みにくい）」「信頼関係が損なわれると，進まない」などの課題があります。また人数が多ければ，カウンセラー（ファシリテーター）が一人ひとりのクライエントの個別の状況を把握することが困難になります。グループ・キャリア・カウンセリング後のメンバーの評価・感想の聴取が必要になる場合もあります。要はカウンセラー（ファシリテーター）のセンスや技量が問われるアプローチなのです。人数が多かったり運営に自信がなかったりする場合は，サポート体制を充実することも必要かもしれません。The American Group Psychotherapy association（2007 日本集団精神療法学会監訳 2014：第2章の参考文献参照）でも管理者とカウンセラー（ファシリテーター）の関係の重要性について述べられている部分があります。

　グループには会話や気づきを促進するポジティブな側面もありますが，同時に会話を止め心に傷をつけるネガティブな側面もない訳ではありません。ストレスに弱い人，共感力が少ない人，情緒的な信頼関係を作りにくい人はグループにはあまり向かないかもしれません。グループでいかに効果的にポジティブな側面を出していけるか，各メンバーの選抜や参加意識だけでなくメンバー間

の相互関係，各メンバーとカウンセラー（ファシリテーター）との関係，そしてカウンセラー（ファシリテーター）自身の力量にも掛かっているとも言えます。ただし上手くグループ活動が回れば，カウンセラー（ファシリテーター）１人で行うカウンセリングよりも多くの成果が得られることもあると考えています。一度に多くのクライエントを相手にできる，効果的・効率的な技法ということもできます。

　本書を参考に，皆さんのグループ実践がより良いものとなりますことを期待しております。

2018年２月
秋田県立大学
渡部昌平

索 引

人名

Adler, A. 25
Berg, R. B. 12
Bordin, E. S. 6
Carkhuff, R. R. 7
Crammer, S. 4
Dameron, J. F. 24
Engels, D. W. 24
Erford, B. T. 16
Gazda, G. M. 5
Gergen, K. J. 138
Gladding, S. T. 8
Hayden, S. C. W. 3
Herr, E. L. 4
Jones, K. D. 108
木村周 4
Krumboltz, J. D. 20
Moreno, J. L. 25
Ohlsen, M. M. 7, 9, 150
Perls, F. S. 25
Persons, F. 4
Pratt, J. H. 8
Pyle, K. R. 3
Robinson, E. H. M. III. 108
Rogers, C. R. 6
Schwartz, W. 32
Sharry, J. 39
Slavson, S. R. 25
Super, D. E. 6
Tuckman, B. W. 107
Yalom, I. D. 25, 39, 40, 107

アルファベット

ADDIE 80
Advancing Career Counseling and
　　Employment Support for
　　Survivors (ACCESS) 77
American Group Psychotherapy
　　Association 38
ASGW 7, 100
ASGW Multicultural guideline 132
CACREP 6
CACREP2016 スタンダード 131
Career Concerns Group (CAG) 76
co-lead 26
Job Search Group (JSG) 76
NBCC 6
NCC 6
NCE 6
Relational-Cultural Theory 132
SDGs 63

かな

あ行

因子特性論　114
インストラクショナルデザイン（ID）　80
運営方法および援助方法　28
エンパワーメント　132

か行

解決志向グループワーク　45
ガイドライン　111
介入　50
カウンセリング・グループ　15, 100
カウンセリング心理学　2
規範　42
キャリア・ガイダンス　3
キャリア・カウンセリング　2
キャリア成熟　18
キャリア発達　4
共感　7
凝集性　27, 40
具体性　7
クライエント中心療法　17
グループ体験の促進　44
グループ・ダイナミクス　2
グループ（の）発達　41, 107
グループ・ファシリテーション　8
グループワーク　2, 100
構成的グループ・エンカウンター　14
コ・ファシリテーション　102
コラボレーティブ・リフレクション　66
コンテント　109
コンテントとプロセス　107
コンピテンシー　3
コンフリクト　108

さ行

サイコセラピー　11
サイコドラマ（心理劇）　13
参加度　27
CDP 制度　73
自己概念　22
自信　27
システム論　31
自然さ　27
終結　51
集団心理療法　12
柔軟性　27
守秘義務　111
純粋性　7
職業ガイダンス　4
職業家系図　124
職業探索グループ（VEG）　74
ジョブクラブ（job club）　74
人生設計ワークショップ（LPF）　74
心理教育グループ　15, 100
心理劇（サイコドラマ）　13
心理療法　2
進路選択に対する自己効力　19
神話と誤解　29
スーパーバイザー　25
スーパービジョン　106
精神治療グループ　15, 100
精神分析　12
精神分析的集団精神療法　13
セルフヘルプ・グループ　14
世話役　13
全米グループワーク学会（Association
　　for Specialists in Group Work:
　　ASGW）7, 100
相互作用　9
相互作用モデル　33
尊重　7

索 引

た行

ダイバーシティ＆インクルージョン 77
タスクグループ 15, 100
Tuckman の発達モデル 107
達成動機 20
治療志向 12
治療要因 39
Ｔグループ 13
抵抗 29
トレーナー 13

は行

媒介モデル 33
パワー 132
評価 26
ファシリテータ 13
フィードバック 113
フォーカル・コンフリクト理論 108

フォローアップ 17
プログラム活動 28
プロセス 105, 109
プロセス・クエスチョン 111
プロフェッショナル・トレーニング標準
　　7
雰囲気 27
文化 132
ベーシック・エンカウンター・グループ
　　13

まやらわ行

予防指向 12
ライフ・シフト 64
ライフスタイル 125
リーダー 9
リーダーシップ 42
リーダーシップ機能 108
倫理 26

執筆者紹介（執筆順）

高橋　浩（たかはし　ひろし）第1章
　ユースキャリア研究所代表，日本キャリア開発協会理事，法政大学および目白大学講師。博士（心理学）。国家資格キャリアコンサルタント。1987年，弘前大学教育学部を卒業後，日本電気アイシーマイコンシステム株式会社に入社し半導体設計，経営企画，キャリア相談に従事。2001年，CDA（キャリア・デベロップメント・アドバイザ）を取得し，2012年，キャリアカウンセラーとして独立。主な著書として『実践家のためのナラティブ／社会構成主義キャリア・カウンセリング』（共著，福村出版，2017），『新時代のキャリアコンサルティング』（共著，労働政策研究・研修機構，2016）。

渡部昌平（わたなべ　しょうへい）第2章
　編著者紹介を参照

新目真紀（あらめ　まき）第3章
　職業能力開発総合大学校能力開発院能力開発応用系准教授。早稲田大学国際情報通信研究科了，博士（工学）。2006年，青山学院大学ヒューマン・イノベーション研究センター客員研究員を経て2014年から現職。専門は社会工学，経営工学，教育工学。各種キャリア系学会会員。主な著書として『実践家のためのナラティブ／社会構成主義キャリア・カウンセリング』（共著，福村出版，2017），『新時代のキャリアコンサルティング』（共著，労働政策研究・研修機構，2016）。

三好　真（みよし　まこと）第4章
　東京女子医科大学看護学部非常勤講師。有限会社Cマインド専任スーパーバイザー。全米認定カウンセラー。2012年まで，米国でクリニカル・メンタルヘルス・カウンセラーとして勤務。2016年，南イリノイ大学でカウンセラー教育・スーパービジョン学の博士号を取得。在米中，グループワークの概論・実習のインストラクターおよびスーパーバイザーとして勤務。諸学会において，援助者の倫理的な質の充実を目指し，異文化カウンセリングやグループ，スーパービジョンに関連した研究を実施。帰国後は，キャリア支援やグループ・ワーク，スーパービジョンなどの研修活動を行っている。

松尾智晶（まつお　ちあき）第5章
　京都産業大学共通教育推進機構准教授。修士（政策・メディア）。同志社大学経済学部卒業後，リクルート人材センター（現リクルートキャリア），富士ゼロックス，ベンチャー企業の起業を経て，独立。2006年慶應義塾大学大学院政策・メディア研究科を修了したのち，2007年県立広島大学総合教育センター特任准教授に着任，2011年より現職。専門はキャリア開発，キャリア教育，キャリア・カウンセリング。慶應義塾大学湘南藤沢学会第3回研究発表大会最優秀論文賞（共著），日本産業カウンセリング学会平成27年度優秀賞（共著）。著書として，『自己発見と大学生活—初年次教養教育のためのワークブック—』（共著，ナカニシヤ出版，2017）。

編著者紹介

渡部昌平（わたなべ　しょうへい）
　秋田県立大学総合科学教育研究センター准教授。1994年国際基督教大学卒業，1996年明星大学大学院人文学研究科心理学専修課程修了，修士（心理学）。労働省入省後，札幌公共職業安定所，職業安定局業務調整課，民間需給調整事業室，飯田橋公共職業安定所，職業能力開発局キャリア形成支援室，沖縄労働局等を経て2011年から現職。キャリア・カウンセリング，キャリア教育を専門とし，著書として『実践家のためのナラティブ／社会構成主義キャリア・カウンセリング』（編著，福村出版，2017），『はじめてのナラティブ／社会構成主義キャリア・カウンセリング』（単著，川島書店，2016），『社会構成主義キャリア・カウンセリングの理論と実践』（編著，福村出版，2015）など。

グループ・キャリア・カウンセリング
効果的なキャリア教育・キャリア研修に向けて

2018年9月25日　初版第1刷発行　　　　　　　　　　検印省略

編著者　渡　部　昌　平
発行者　金　子　紀　子
発行所　株式会社金子書房

〒112-0012　東京都文京区大塚3-3-7
電話03-3941-0111㈹／FAX03-3941-0163
振替00180-9-103376
URL　http://www.kanekoshobo.co.jp

© Shohei Watanabe, et al. 2018

印刷 藤原印刷株式会社／製本 株式会社宮製本所

ISBN 978-4-7608-2418-2 C3011　　　　　　　　　　Printed in Japan

――――― 金子書房の関連図書 ―――――

●統合的な新しい人材マネジメント論●
改訂増補版　個と組織を生かすキャリア発達の心理学
自律支援の人材マネジメント論

二村英幸 著

A5・220ページ　本体2,400円＋税

●15のワークでキャリアを考える礎をつくる●
キャリア・コンストラクション ワークブック
不確かな時代を生き抜くためのキャリア心理学

安達智子・下村英雄 編著

B5・160ページ　本体1,800円＋税

●キャリアをふりかえり、生き方を問い直す●
ライフキャリアデザイン研修　実践ワーク集
リーダー層が輝く働き方・生き方設計

畔柳　修 著

B5・128ページ　本体2,800円＋税

●就職活動に向けての実践的なワークブック●
社会人基礎力が身につくキャリアデザインブック 社会理解編

寿山泰二 著

B5・112ページ　本体1,300円＋税